El
Grupo Base
corazón
de AA

Otros libros publicados por AA Grapevine, Inc.

En inglés:
The Language of the Heart
The Best of Bill
Spiritual Awakenings
I Am Responsible: The Hand of AA
Emotional Sobriety: The Next Frontier

En español:
El lenguaje del corazón
Lo mejor de Bill

En francés:
Les meilleurs articles de Bill
Le langage du cœur
Le groupe d'attache: le battement du cœur des AA

El
Grupo Base
corazón
de AA

Una selección
de historias
del AA Grapevine

AA Grapevine, Inc.
New York, New York,
www.aagrapevine.org

Traducción del inglés. Título original: The Home Group: Heartbeat of AA
Segunda edición en español, 2007
Primera edición en inglés, 1993, 1995
Segunda edición en inglés revisada, 2005

ISBN 978-0-933685-60-4

Impreso en Canadá

Octava impresión 2021

Preámbulo

Alcohólicos Anónimos es una comunidad
de personas que comparten su
mutua experiencia, fortaleza y esperanza
para resolver su problema común y ayudar
a otros a recuperarse del alcoholismo.
El único requisito para ser miembro de AA
es el deseo de dejar la bebida.

Para ser miembro de AA no se pagan
honorarios ni cuotas; nos mantenemos
con nuestras propias contribuciones. AA
no está afiliada a ninguna secta, religión,
partido político, organización o institución
alguna; no desea intervenir en controversias, no respalda ni se opone a ninguna
causa.

Nuestro objetivo primordial es mantenernos
sobrios y ayudar a otros alcohólicos a alcanzar el estado de sobriedad.

Índice

Índice

Prefacio

Los cuarenta y dos artículos contenidos en este libro fueron toma-
dos de la revista Grapevine, la "reunión impresa" mensual en
inglés de la Comunidad. Estos artículos, escritos por miembros
de AA en base a su experiencia, revelan las distintas facetas del grupo
base.

Cuando comenzamos a seleccionar el material para el libro, nuestro
título preliminar era "El Grupo Base: llave de la unidad". Sin embargo,
durante el proceso de relectura de los artículos, se hizo evidente la necesidad de hallar un concepto más amplio. El grupo base es donde
comienza la recuperación; donde los miembros de AA van creciendo en
su sobriedad mediante el viejo método de intentar algo y equivocarse, y
descubren que pueden ser queridos tal como son. Es donde aprenden a
poner las necesidades de los demás y, en especial, las necesidades del
grupo, por encima de sus propios deseos; donde comienzan a adoptar los
principios guía de Alcohólicos Anónimos como una realidad que ope-
ra en sus vidas.

Ya que este libro trata de ilustrar el grupo de AA de hoy con sus
peculiaridades, puntos fuertes y problemas, la mayoría de los artículos
siguientes fueron seleccionados de revistas Grapevine publicadas en los
años '80 y '90. Los pocos artículos anteriores a esa época reflejan principios que no han cambiado con el tiempo, o bien costumbres y descubrimientos del pasado de Alcohólicos Anónimos que aportan elementos valiosos para la comprensión de situaciones de nuestros días.

LOS EDITORES

1

Prólogo de la segunda edición en inglés

Creado originalmente, como lo formuló uno de sus fundadores, para "promover la armonía entre los grupos", desde 1944 el AA Grapevine ha sido un foro donde los miembros de AA pueden descubrir cómo otros grupos organizan sus reuniones, ayudan a los nuevos y prestan servicio a AA en general. La primera edición de este libro, publicada en 1993, continuó esa tradición, compartiendo los altibajos sufridos por grupos de todo Estados Unidos y Canadá. Demostró ser tan útil que los lectores solicitaron al Grapevine que creara una sección especial sobre el tema, y el "Grupo Base" debutó en el número de septiembre de 2000. La respuesta fue abrumadora, según informaron los editores. Colmaron la oficina manuscritos de miembros deseosos de compartir su gratitud y afecto por sus grupos base, así como la sabiduría que adquirieron gracias a su propia participación y al servicio prestado en su calidad de miembros. "El Grupo Base" ha sido desde entonces una sección muy apreciada de la revista.

Nos complace compartir con ustedes ocho nuevas historias provenientes de esa sección, que incluimos en la presente edición de *El Grupo Base* con el objeto de proporcionar un retrato actualizado de los grupos de AA, junto con parte de la experiencia, fortaleza y esperanza de grupos del pasado. Esperamos que todas estas historias les resulten útiles y que continúen compartiendo sus propias historias y observaciones en futuros números del Grapevine o La Viña (nuestra revista internacional en español) impresos o en Internet, en www.aagrapevine.org.

Donde comienza
la recuperación

Un rayo en la rueda

Marzo de 1989

Un miércoles a la noche, una solitaria y confundida mujer llamada "Sara" pasa por la entrada de Alcohólicos Anónimos. Sara se siente enajenada y deprimida, sentimientos que ha tenido la mayor parte de su vida. Está completamente desmoralizada y sabe que no será nunca aceptada ni volverá a sentirse querida por nadie. Pero aun en medio de esta desesperación no quiere morirse. De modo que entra cautelosamente y se sienta en la silla del extremo derecho, en la última fila. No alza la mano como una recién llegada porque se siente demasiado paranoica. Está demasiado asustada pensando que podrán verla y que al enterarse la gente, sería rechazada una vez más. De modo que todos los martes a la noche vuelve y se sienta a hurtadillas en la silla de la última fila porque no quiere morirse y no tiene otro lugar donde ir.

Y entonces una noche se le pide que hable y ella trata de hacerlo pero se echa a llorar. O tal vez una de esas noches alguien observa su presencia y se acerca a ella para darle la bienvenida. Le entregan una lista de reuniones y números telefónicos de AA. Ella se entera de que no está sola, pero sigue estando aterrada. Se entera sobre la importancia de tener un grupo base y elige la reunión de los martes a la noche como su grupo base. Una mujer se refiere a las cosas que quiere en su vida, sobre cómo quiere ser y parecer, y esa misma mujer se convierte en su madrina.

Ahora cuando Sara entra por la puerta de Alcohólicos Anónimos, las personas se acercan a ella y le dicen "¿Cómo te va, Sara?" y lo dicen de verdad. Ella siente que el terror empieza ceder. Ahora se ocupa de hacer el café y la necesitan y ella se sienta en la primera fila. Sigue sintiéndose asustada en algunas otras reuniones, pero cuenta con una en la que puede distenderse. Siente que forma parte de algo por primera vez en su vida. Ahora Sara sonríe y contempla a su familia con afecto al empezar la reunión, porque ha sido nombrada secretaria. Percibe la presencia de una mujer solitaria que entra sigilosamente delante de todos y se sienta en una silla de la última fila, en el extremo derecho: se ve a sí misma dos años atrás. Se acerca a ella y le dice que está en su casa y que ahora puede empezar a pertenecer.

Un año más tarde Sara es la representante de servicios generales (RSG) del grupo que se reúne los martes a la noche y luego es nombrada miembro del comité de distrito (MCD) y continúa devolviendo lo que ha recibido al llevar el mensaje que oyó en su grupo base los martes a la noche.

Ésa es la razón por la cual los grupos base son tan importantes para Alcohólicos Anónimos. Es aquí donde las personas empiezan. Aquí es donde por primera vez se enciende la chispa del servicio. Aquí es donde el miembro de AA empieza a enterarse acerca del cómo de Alcohólicos Anónimos. Al seleccionar un grupo base, el recién llegado empieza a sentir que pertenece a algo. Empieza a conocer gente y permite que las personas lo conozcan a él. Se siente seguro en esa reunión porque conoce la historia de cada cual y su procedencia. Empieza a observar el ir y venir de las personas, de modo que puede ver realmente qué es lo que funciona y qué es lo que no funciona. Desarrolla amistades estrechas y cuando su situación personal se pone difícil, sabe que cuenta con personas que lo ayudarán a superar ese momento peligroso.

El grupo base es donde el miembro de AA da el primer tímido paso que hace que el sistema de apoyo de Alcohólicos Anónimos funcione. Esto puede limitarse a poner un dólar en la canasta todas las semanas y a saber para qué se lo destina, o a lavar tazas de café. Al asistir a la misma reunión todas las semanas, el miembro de AA se entera adónde va a parar el dinero, qué es la "oficina central", qué hacen un coordinador y un RSG. Eso le da la oportunidad de participar en la labor de servicio. Si careciera de un grupo base comprometido, donde se le permite votar sobre temas relacionados con AA, quizá no oiga jamás lo que diga el RSG o el coordinador del grupo. Por lo tanto, al ingresar a un grupo base, el miembro de AA acepta la responsabilidad de participar en la totalidad del sistema, permitiendo así que AA siga funcionando.

Los grupos base se convierten en los rayos de la gran rueda de Alcohólicos Anónimos. La rueda, de acuerdo a la Séptima Tradición, no puede ser movida por ninguna contribución exterior. Como cada grupo es responsable de todos los servicios de AA, esta rueda puede girar y alcanzar a aquellos miembros solitarios que no tienen el lujo de contar con una reunión de AA donde encontrar café, galletitas, abrazos y personas que comparten su experiencia, fortaleza y esperanza. Puede avanzar y llevar consigo literatura y experiencia, fortaleza y esperanza a instituciones, centros de tratamiento, nuevos grupos y todos los grupos de AA.

A través de los grupos base que contribuyen a todos los servicios que brinda AA, Alcohólicos Anónimos seguirá llegando a más y más familias, hombres y mujeres todos los años. Gracias a esta clase de apoyo en sus grupos base, un martes a la noche una alcohólica solitaria no subirá los escalones de Alcohólicos Anónimos y encontrará que la puerta está cerrada. Un día, más y más Saras pasarán en puntas de pie por la puerta de Alcohólicos Anónimos y se incorporarán a esa rueda gigantesca que mantiene a tantos de nosotros limpios, sobrios y libres.

G. H., San Diego, California

¿Por qué hay que tener un grupo base?

Septiembre de 1986

En una carta reciente dirigida a un miembro de la Comunidad, un miembro del personal de la Oficina de Servicios Generales se refirió al grupo base como el corazón de AA. Esto causó en mí una gran impresión, y yo creo que así como seguramente somos conscientes de nuestro corazón, sensibles a éste, y lo necesitamos, cada uno de nosotros necesita un grupo base.

Todo comenzó en el grupo base, ¿no es así? No todos nosotros identificamos rápidamente a ese misterioso grupo de personas que estaba tratando de ayudarnos a estar sobrios como nuestro grupo base. En realidad, penosamente me doy cuenta de que el compromiso de formar parte de algo se les escapa a muchos en las primeras etapas de la recuperación.

La mayoría de los miembros de la Comunidad no tendrán nunca la gratificante experiencia de asistir a la Conferencia de Servicios Generales. Son pocos los que asisten a nuestras asambleas de área, a nuestras convenciones estatales y nacionales y demás eventos que reúnen a miembros de numerosos grupos base. A los eventos distritales acude sólo una pequeña porción de miembros de los grupos participantes. Para muchos, su AA se limita a su grupo base. Si partimos de este hecho, ¿qué debería ser para el miembro el grupo base y por qué un miembro debería tener un grupo base?

Cuando dimos esos primeros pasos vacilantes hacia nuestra recuperación, muchos de nosotros hubiéramos vuelto a caer si nosotros mismos hubiéramos tenido que hacer un cambio milagroso. En mi caso, los primeros rayos de esperanza provinieron de esos chiflados, a veces afectuosos, a veces pendencieros, que se sentaban alrededor de una mesa en mi pueblo natal. Mucho tiempo antes de que yo creyera, o incluso prestara atención, a lo que ellos me contaban, empecé a creer que tal vez podía haber una esperanza porque sencillamente pensé que si ellos podían hacerlo, también yo podría hacerlo.

Los primeros lemas que oí vinieron de ellos. Más tarde, cuando oí las mismas cosas a ciertos oradores en una convención, pensé que eran muy atinadas; pero pasaron meses antes de que advirtiera que esos pensamientos eran los mismos que había escuchado del gordito pomposo que finalmente se convirtió en mi padrino. En realidad, después de que empecé a trabajar en el servicio, pensé que tenía que asistir a convenciones, asambleas y foros para recargar mis baterías debido a que las cosas eran muy aburridas y rutinarias en mi grupo base.

Ahora sé que no fueron las personas admirables que conocí en todo este extenso territorio las que me ayudaron a mantenerme sobrio la mayor parte del tiempo, sino aquellas personas admirables sentadas alrededor de una mesa en mi pueblo natal, quienes me amaron cuando yo no podía amar, que esperaron que yo dejase de mentir, que me toleraron cuando yo no podía pertenecer a nada y que jamás me pidieron que me fuera cuando me ponía desagradable. Gracias a su amor y a su paciencia pude finalmente salir de mí mismo y llegar a asumir cierta forma de compromiso con respecto al grupo.

Me parece que, al principio, un grupo base es todo lo que la mayoría de nosotros puede manejar. Es donde primero encontramos un padrino, donde alguien se ocupa de que obtengamos el Libro Grande, donde primero vemos los Pasos en la pared, donde aprendemos nuevamente a rezar y donde primero empezamos a recuperarnos. (¿Recuerdan el corazón?) Pero sobre todo, debido a la confianza que vamos adquiriendo gracias a las reuniones del grupo base, es allí donde podremos empezar a interesarnos en alguien de modo que finalmente podamos volver a amar, tanto en AA como a nuestros amigos y a nuestra familia.

Es donde primero aprendemos a asumir una responsabilidad de modo que finalmente podamos responsabilizarnos de nuestras vidas. En mi caso, esto empezó con la sencilla tarea de vaciar ceniceros, y qué inteligentes demostraron ser al darse cuenta que no podía hacer otra cosa. Fue allí donde aprendimos a hacer el trabajo de Paso Doce para que luego pudiéramos transmitir a otros lo que tan generosamente se nos dio, asegurando de esta manera el futuro y la supervivencia de la Comunidad. Allí fue donde aprendimos acerca del resto de la Comunidad y donde alguien empezó a contestar las preguntas acerca de todos los misterios que permiten que la entera institución funcione.

El grupo base es verdaderamente el corazón de la Comunidad. Hay muchas razones por las cuales la Comunidad necesita de esos grupos admirables, y otras muchas razones por las cuales los grupos necesitan a cada miembro que corre por sus venas. Pero más importante aún, necesitamos a nuestros grupos base. Es allí donde todo empezó, y es allí donde todo terminará para nosotros. Sí, todos nosotros hemos tenido también la tarea de enterrar a algunas de las personas que nos entregaron el programa de recuperación a cada uno de nosotros.

Con esta semana dedicada a la Conferencia, esta etapa de mis servicios a la Comunidad que consiste en devolver en pequeña medida mi gratitud, está llegando a su fin. ¿Y ahora qué haré? Si tengo mucha, mucha suerte, aquellos que realizan esa tarea tan hermosa que consiste en servir a la Comunidad en mi grupo base podrían, tal vez, permitirme hacer café la semana próxima e incluso hablarle a un borracho.

R.B. Neosho, Missouri

La importancia
de pertenecer
a un grupo

Diciembre de 1958

Lo que me atrajo en AA es que no hay órdenes. Todo se lleva a cabo en base a sugerencias. Si hay algo que me corresponde hacer, soy yo quien debe tomar la decisión: no hay nadie que me diga qué debo hacer. Al tratar de llevar esta nueva vida descubrí, sin embargo, que cambio continuamente de actitud y de manera de pensar. Creo que debo hacer ciertas cosas para mantenerme contento en mi sobriedad. Una de ellas es que debo pertenecer a un grupo de AA de mi elección y participar activamente en sus discusiones y actividades.

Cuando conocí AA no existía ningún grupo en la ciudad donde vivía. De modo que me incorporé a un grupo que estaba a cuarenta millas de distancia y tuve una participación activa, asistiendo a las reuniones regularmente durante unos diez meses. En ese lapso conocí a un miembro de AA que residía en Toronto y que se estaba mudando a Ontario occidental. Lo convencí de que él y su familia se instalaran en Strathroy. Al cabo de un mes había un nuevo grupo constituido por dos miembros: Dick y yo.

Con el tiempo se incorporaron nuevos miembros al grupo; ahora contamos con ocho miembros activos. Estos ocho están casados, de modo que somos dieciséis en todas nuestras reuniones abiertas. Esto llevó a que las chicas decidieran formar un grupo familiar de Al-Anon que se reúne una vez por semana. Mientras las chicas tienen su reunión, los alcohólicos decidieron tener un grupo de discusión para meterse a fondo en el programa. Así, en apenas tres meses, un grupo iniciado con dos alcohólicos ha logrado tener semanalmente una reunión abierta, una reunión semanal de discusión y nuestras esposas, por su parte, han formado un grupo Al-Anon.

En el momento en que este grupo se formó había un Solitario localizado en la ciudad, que figuraba en el directorio mundial de AA. Fue contactado y a la semana se incorporó al grupo, mientras que su esposa se unió a las Al-Anon. Es sorprendente comprobar la diferencia lograda en este hombre que se mantuvo sobrio durante casi diez años en su calidad de miembro solitario. La camaradería de AA y la terapia de grupo lo han ayudado a completar el programa de AA, de modo que sería el primero en reconocer que ha obtenido más satisfacción y paz interior que las logradas hasta entonces.

El hecho de pertenecer a un grupo incentiva una más profunda fraternidad, que muchos de nosotros buscamos y todos necesitamos. A menudo necesitamos valentía, y la conseguimos gracias a otros que ponen realmente en práctica el programa. A menudo necesitamos saber que otros tienen que enfrentar las mismas dificultades y oportunidades que nosotros, y aprender de ellos cómo hacer algo y cómo no hacerlo.

¿Vivir es para ti una tragedia o una oportunidad? ¿O no significa nada? Pertenecer a un grupo hace que la vida sea para mí una oportunidad, la vida tal como yo la considero, en "estas 24 horas".

Lo que necesito es algo que estimule lo mejor en mí y a la vez me ayude a mantenerme humilde con respecto a lo peor en mí. Esto lo encuentro en mi calidad de miembro del grupo local de Alcohólicos Anónimos.

Dave W. Strathroy, Ontario

El programa
lo hace la gente

Diciembre de 1992

Durante casi dos años he asistido a una reunión de AA muy especial. Se lleva a cabo los sábados a la noche y solemos tener oradores fantásticos... y tiene lugar en la prisión donde estoy encarcelado.

Aún puedo recordar aquellos primeros meses en que oía a varios oradores que provenían de la comunidad exterior, algunos de ellos ex presidiarios. Aquellas noches en que no había ningún orador, los veinticinco que estábamos allí teníamos una reunión abierta dirigida por los "civiles" que asistían regularmente durante cincuenta y dos domingos por año, incluidos Pascua y el domingo del Super Bowl.

Aquellos primeros meses fueron muy duros para mí. Parecía que cada semana un tipo que había estado preso quizá por conducir en estado de ebriedad, decía: "Gracias a Dios que ningún chico se me cruzó delante de mi auto..." mientras compartía sus pensamientos con nosotros. Después de la reunión, volvía a mi dormitorio y hundía la cabeza en la almohada, sintiéndome muy desgraciado. Porque un chico de ocho años sí se cruzó delante de mi auto, estando yo tan borracho que iba por el carril que no me correspondía, y yo estaba preso por haberlo matado.

Paulatinamente, empecé a levantar cabeza. La reunión de AA del domingo comenzó a ser un lugar adonde yo podía ir y hablar con otros que compartían el dolor de su alcoholismo y estaban dedicados a hacer algo para cambiar la situación. Yo no era de los que hablaban mucho en esas reuniones, salvo quizá para agradecer con pocas palabras al orador. Pero luego, mientras esperaba para volver al dormitorio y mientras iba por el corredor, hablaba con uno o dos reclusos contándoles un poco lo mal que me sentía. Encontré a alguien que había herido a toda una familia en un accidente mientras conducía en estado de ebriedad,

13

hiriéndose gravemente él mismo. Estaba agradecido de que tanto él como ellos estuvieran vivos. El hecho de conocerlo me hizo sentir mejor.

La cárcel no es un lugar donde fácilmente se establece la confianza, ni donde fácilmente se comparten las historias personales. Nuestra reunión dominical de AA parecía trascender todo aquello, los tipos se franqueaban y compartían parte de su pasado sufrimiento, su profunda vergüenza y sus sentimientos de gratitud actuales para con el programa. Había allí sufrimiento y también buen humor; la capacidad de reírnos de nosotros mismos era una parte intrínseca de nuestro proceso de curación.

Finalmente se decidió que tendríamos elecciones para seleccionar a un recluso nuevo para que abriera las reuniones y convocara a las lecturas y presentaciones. Me eligieron a mí y a la semana siguiente nos faltó el orador. Miré al "civil" que dijo, como solía hacerlo: "¿Hay alguien que quiera pasar a compartir?" Le dije que yo lo haría.

Mi historia surgió con bastante facilidad, pero al acercarme al final de la misma me resultó difícil continuar; las emociones empezaron a aflorar cuando me referí a la manera tan brutal con que había hecho daño a toda una familia, la familia del chico al que había matado. Hablé de los gritos en el tribunal, las noches en vela sintiendo que había cometido algo tan atroz que nunca podría sentirme íntegro ni sano otra vez. Fue para mí una experiencia increíblemente poderosa.

Ha pasado ya algún tiempo y sigo abriendo reuniones y, de vez en cuando, también propongo algún tema cuando nos ha fallado el orador. He visto cómo algunos tipos se fueron; añoré su presencia los domingos a la noche, pero luego, poco a poco, otras personas empezaron a hablar, ocupando su lugar, a medida que gradualmente se dieron cuenta — como me ocurrió a mí— que la reunión era un marco seguro para compartir experiencias, fortalezas y esperanzas. Llega a ser algo semejante a un ciclo: el tipo nuevo, sentado atrás, lentamente decidiéndose a avanzar hasta que llega a la fila de adelante, justo enfrente de mí, alzando la mano y diciendo algo que yo necesitaba oír ese día.

Bromeo y les digo a los muchachos. "¡Esta reunión del domingo es tan buena que si estuviera afuera, treparía la tapia para volver!" Espero algún día ser uno de los "oradores externos" que vienen a compartir.

Estoy muy agradecido con los "civiles" que asisten a las reuniones todos los domingos. Además de organizar una magnífica reunión en que nos decían cómo nosotros los ayudamos a ellos a mantenerse sobrios, me han inculcado mucha fe en AA, que, al aplicarla a mi liberación final, me ayudará a hacer la transición para reinsertarme en la sociedad.

"Obtienes de este programa lo que pones en él", es una expresión que he oído muchas veces. Tengo la suerte de estar en una reunión donde muchos tipos ponen mucho de su parte. Algunas cosas que suceden a los AA en la cárcel son diferentes: asistencia forzosa o quedas eliminado de la lista; el anonimato no es más que una palabra hueca cuando tu nombre figura en la lista que pasan semanalmente. Pero la sensación general de una reunión de AA puertas afuera puede ser preservada en el marco de una prisión. Las personas hacen la reunión. Los de AA dan esperanza a los que están presos. Por un ratito, todos los domingos, tengo la sensación casi de no estar preso. Las personas hacen esa reunión: todos los que finalmente estamos lidiando con nuestro alcoholismo.

Robert K., Marcy, New York

Más allá de la
brecha generacional

Agosto de 1985

Miro alrededor de la habitación donde está reunido mi grupo base. Somos unos cuarenta. Una docena aproximadamente han sido asistentes regulares desde la primera reunión del grupo diez años atrás. Unos pocos cuentan su sobriedad en días, semanas o meses.

Los voy clasificando mentalmente: una muchacha de dieciocho años que todavía cursa la escuela secundaria; una mujer soltera de veintidós años, empleada, que vive sola; una joven ama de casa con dos hijos menores de seis años; un hombre que ha vivido ochenta y cuatro años, de los cuales ha pasado más de veinte en Alcohólicos Anónimos; una

15

bonita señora de unos cuarenta y tantos años, con hijos adolescentes que causan constantes disturbios en su hogar; un hombre en la cincuentena que recientemente perdió el trabajo que había creído que era para siempre; uno de más de sesenta, cuya esposa falleció recientemente en forma inesperada; otro hombre entre treinta y treinta cinco años que detesta las condiciones en que trabaja pero tiene miedo de denunciarlas; una mujer de más de setenta años, tan ocupada con el club, el golf y sus viajes que apenas le alcanza el tiempo para una reunión semanal.

La posición económica de estos individuos va de cero a la opulencia. Sus antecedentes educacionales abarcan todo, desde la escuela secundaria incompleta hasta el doctorado en filosofía. En todos ellos encontramos referencias a problemas, sufrimientos, grandes y pequeños triunfos. A menudo percibimos una tremenda angustia o incertidumbre acerca de los "vínculos": maritales, paternales, sociales, comerciales, eróticos.

Durante veintiún años he formado parte de Alcohólicos Anónimos. En verdad, los noventa años me han arrojado a la playa de la vejez. Sin embargo, echando una mirada retrospectiva a la muchacha adolescente que una vez fui, reconozco las preocupaciones que tiene la de dieciocho años en las reuniones. Tampoco he olvidado las ambiciones y los sueños que me acicatearon y tentaron alternativamente durante mis veinte y mis treinta años, recuerdo los errores que cometí y las satisfacciones y derrotas que acompañaron o siguieron a esos años. Yo también he conocido los fracasos, culpas y alegrías asociados a la maternidad, cuando una suele estar demasiado cansada para hablar cortésmente con nuestros hijos... o con cualquier otra persona. He sentido la frustración y la angustia que la rebelión de los adolescentes puede causar a una madre perpleja. Y puedo recordar perfectamente los problemas que ahora exacerban a algunos de nuestros miembros de mediana edad al lidiar con padres ancianos y desvalidos.

En los veintiún años que pasé en AA, he luchado en voz alta con cualquier dilema moral o emocional con que he tropezado en el transcurso de aprender a vivir con otros seres humanos. Me he quejado al mismo tiempo que he tratado de aceptar la última fatalidad que la Madre Naturaleza ha permitido que me tocara.

Ahora, sin embargo, me digo algunas veces: "No debo inquietar a mis compañeros refiriéndome a reacciones tales como estallidos de cólera cuando pienso en qué poco tiempo me queda; a mi desaliento al darme cuenta que en vez de subir dos escalones por vez y saltear los obstáculos en mi camino debo prestar atención a mis pasos, para que no se me tuerzan los tobillos ni se me rompan los huesos; a las molestias de una visión desfalleciente, de una audición disminuida y al dolor y la desesperación de perder una tras otra a mis amigas de toda la vida."

He decidido abandonar este rumbo equivocado que consiste en no decir lo que temo que "ellos" no quieran oír porque les recordaría adónde nos encaminamos todos si vivimos lo suficiente. La verdad es que si disfrazo los sentimientos negativos que naturalmente tengo en esta etapa de mi vida, les impido a "ellos" que se enteren de los descubrimientos asombrosamente positivos que las desventajas de envejecer han hecho posible. Por ejemplo, he aprendido finalmente que, al renunciar a algunas metas debido a una disminución de la energía física, he alcanzado otras más satisfactorias que un Yo más profundo y más extenso ha sabido siempre que me faltaban. Al parecer, cuando yo era más joven, la pequeña y voluntariosa parte de mi mente que pensaba que estaba segura de saber lo que yo debía hacer era capaz de decirle a la totalidad de mí misma qué cosa debía acometer, sin consultarle al Yo básico si quería o podía hacerlo.

Asimismo, puesto que ya no puedo soñar con todo lo que voy a hacer "algún día" —porque me sobran pruebas de que ese "algún día" podría no llegar jamás— estoy aprendiendo finalmente a vivir un día a la vez y a apreciar y estar atenta al hermoso mundo que me rodea, lleno de maravillas a pesar de que a veces llega a enfurecerme. Ésa es una recompensa asombrosamente placentera.

Y si no hubiese reconocido qué finito, qué limitado era mi futuro, no habría sido capaz de renunciar a algunos de los falsos dioses a los cuales pensaba que debía obedecer y, en cambio, escuchar y acatar los dictados de necesidades e inclinaciones que yo trataba de pasar por alto o al menos ahogar con las voces chillonas de la pequeña superficie consciente de mi ser cuyo vocabulario está formado mayormente por los "lo haré" y los "no lo haré", en vez más bien de "Ahora veamos qué es esto" o "¿Es eso lo que realmente prefiero?"

Echar una mirada a mi grupo de AA trajo a mi mente estos pensamientos; y veo, ante mi asombro, que no hay en este caso brechas de género, ni brechas generacionales, ni grandes diferencias sociales. Empezando con el hecho de liberarnos de los grilletes del alcohol, una experiencia que todos compartimos, en los años siguientes lidiamos de manera bastante parecida con nuestros padecimientos y tribulaciones, utilizando, como muy a menudo lo decimos, los instrumentos que nuestro programa de recuperación nos proporciona.

La muchacha que ha llegado a la pubertad, cuya principal preocupación (aparte de resistir la presión de beber o consumir drogas) podría ser si debe o no debe tener relaciones sexuales y, en caso afirmativo, cuándo y con quién; el hombre o la mujer joven con una familia, que considera que él o ella merece un aumento de sueldo y que no sabe hasta dónde llegar para pedirlo; los ancianos que tratan de hacer que su cheque de Seguro Social incluya en su presupuesto una excursión mensual a las máquinas tragamonedas de Lake Tahoe, y yo, por mi parte, tratando de resignarme a que mi futuro pueda a lo sumo ser una fracción de lo que ahora es mi pasado, no estamos segregados. En AA, mientras escuchamos las ansiedades y los problemas de cada cual, comprendemos que no se trata de lo que te ocurre a ti porque tienes la edad que fuere, o porque eres pobre, o porque no eres atractivo, o porque no eres tan listo como tus compañeros de trabajo; se trata de cómo lidias con ello, cómo sobrevives a ello, y no te abandonas y te pones a beber.

El "ello" al que sobrevives puede ser cualquier cosa: esperanzas frustradas en tu carrera, amor no correspondido, una enfermedad que te deja inválido, pobreza, muerte inminente. Lo enfrentamos juntos, equipados solamente con los vastos y hasta entonces desconocidos recursos del poder que está dentro de nosotros y que enfrentó y conquistó al alcoholismo.

De modo que no tengamos miedo de inquietar o aburrir a nuestros compañeros al hablar acerca de nuestras reacciones a lo que pueda estar preocupándonos en un momento dado, ya que, de esa manera, aprendemos a vivir.

B. M., *Saratoga, California*

Helado viento
del alma

Julio de 2003

En los días previos a tomar mi primer trago, recuerdo haber visto una fotografía de un renombrado filósofo existencialista. Estaba de pie sobre una delgada capa de hielo que flotaba en un vasto y vacío mar, absolutamente solo. Recuerdo que pensé en ese entonces: ¡Ése soy yo!

Por un tiempo, el alcohol me ayudó a insertarme. La primera vez que bebí (que también fue la primera vez que me embriagué), superé la abrumadora timidez que sentía delante de las chicas, y llamé por teléfono a una de ellas para mi primera cita. El alcohol me dio valor cuando estaba asustado, me ayudó a reírme en vez de llorar y me volvió muy ocurrente y creativo.

Creó una tenue camaradería de afecto y de coparticipación en el seno de una familia cada vez más desgarrada por la enfermedad mental, la ira y las resacas. Por un tiempo el alcohol me ayudó a sentirme conectado con mi familia, especialmente con mi papá, por quien tenía mucho afecto y a quien quería parecerme. Por entonces, mi principal ambición en la vida era llegar a ser escritor, y los escritores a los que yo quería parecerme eran según se decía iguales a mi papá: vivían la vida plenamente, salvajemente, alcohólicamente. Creía que el principal requisito para encajar en esa forma de vida consistía en beber como ellos lo hacían.

Pero cuanto más bebía, y más tiempo le dedicaba a la bebida, más desalentado me sentía. Traté de llenar mi dislocada sensación de vacío con más y más alcohol, pero por más que bebiera, no pude impedir que aumentaran la soledad y la vergüenza. Finalmente llegué a perder todo lo que me importaba en la vida. Perdí a mi mujer al cabo de trece años de matrimonio, y perdí un hijo que había cumplido apenas un año. Perder a una esposa ya es bastante doloroso, pero perder a un hijo es

19

insoportable. Perdí la casa que me había costado tanto construir, además del perro, del auto y la cerca de estacas blancas. Perdí a mis amigos, algunos de los cuales había conocido en mi infancia. Perdí todo sentimiento de valía y capacidad de decisión que conservaba dentro de mí. La culpa me atormentaba debido a mi comportamiento egoísta y estaba absolutamente convencido de que yo era un cobarde y un holgazán que no podía parar de beber, por más voluntad que pusiera.

No perdí mi fe en un Poder Superior, porque eso lo había perdido hacía muchos años. En mi desolado corazón incapaz de amar, comprendí que estaba al borde del suicidio. A los cuarenta años yo era un hombre arruinado, un hombre que pasaba sus noches y fines de semana penosa y desesperadamente solo. Todos los días, después de trabajar, volvía a mi pequeño, miserable y escasamente amueblado apartamento (lo llamaba mi celda), y una vez allí, cerraba las ventanas, echaba llave a la puerta, desenchufaba el teléfono y me ponía a beber hasta olvidarme.

A la mañana siguiente, me despertaba con un dolor de cabeza atroz, empapado en sudor, con el estómago revuelto. En muchas ocasiones, seguía borracho desde la noche anterior, que no podía recordar. La mayor parte de las mañanas, al volver en mí, deseaba la muerte. Siempre sentía la resaca emocional y el viento helado que atravesaba la brecha profunda que tenía en el pecho en lugar del corazón. En mi interior estaba poco menos que muerto.

No me propuse ir a Alcohólicos Anónimos. Mi intención era morirme. Pero de algún modo, gracias al Poder Superior en el que aún no creía, se me permitió tropezar por casualidad con un ruidoso, mugriento salón lleno de humo y de otros alcohólicos, y entonces ocurrió algo absolutamente sorprendente: ¡ocurrió un milagro!

Oí a la gente allí reunida contar cómo había sido para ellos, qué había pasado y cómo se sentían ahora. No había oído nunca a hombres y mujeres compartir sus historias como lo hacían estas personas en esa reunión. Sus historias se parecían mucho a la mía (no necesariamente los hechos sino los sentimientos, especialmente los ecos de la soledad y la desesperación pasadas). Hacía mucho tiempo que yo había renunciado a toda esperanza de dejar de beber. Los miembros de AA cambiaron todo eso con su pasión, gratitud y afecto. Hicieron de mí un creyente.

Establecieron para mí una conexión. Me dieron esa primera vislumbre de esperanza.

Más adelante, oí a algunos miembros de AA referirse a su pasado alcohólico, a la sensación de tener una brecha profunda en medio del pecho, y un viento implacable y helado que la atravesaba. Recordé al hombre de pie sobre la delgada capa de hielo y sentí el dolor causado por ese viento que había silbado, atravesando mi pecho, durante muchos años.

Hoy, el viento helado ha sido detenido y el viento del espíritu calienta mi corazón. Mediante los Doce Pasos, la confianza gradual en un Poder Superior que antes había negado, y pidiendo reiteradamente ayuda para mantenerme sobrio y vivir la vida un día a la vez, ese pozo de desolación y aislamiento ha sido llenado.

Hank M., Winston-Salem, North Carolina

El latido continúa

Marzo de 1987

A veces, durante las cálidas noches de verano, dejábamos abierta la puerta de calle para que nos llegara la brisa del oeste. En tales ocasiones, los oradores tenían que hacer una pausa cuando pasaba estruendosamente el tren de carga de Southern Pacific, ahogando el mensaje. "Willie el borrachín" y "Montie el pelirrojo" intercambiaban miradas cómplices. Habían viajado por esas vías a ninguna parte con sus licores baratos, Thunderbird, Ripple o con su oporto blanco. Pero ya no más. Willie es un consejero de rehabilitación; Montie tiene su propio negocio. Las cosas cambian, las personas también.

El viejo salón de 30 North Main fue el hogar de nuestra Comunidad durante más de veinte años, pero los lugares también cambian. Anoche tuvimos nuestra primera reunión en la nueva sede, en la misma calle hacia abajo, junto a las vías del ferrocarril.

21

Recuerdo la primera vez que entré a ese sucio y viejo hogar nuestro en North Main ocho años atrás. Todavía sudando y con paso vacilante, lo único que pensé fue: ¡Dios santo, dónde he ido a parar!"

Pero los que estaban ahí eran felices, hacían bromas, estaban limpios y sobrios. Ahí estaba "Dave", mi viejo amigo de tragos de los domingos a la mañana, y tenía buen aspecto.

Y "Russ". Solía llevarlo hasta su casa en mi auto, diciéndome: "Si llego hasta ese punto, dejo de beber". Aún lo veo sonriendo mientras sacaba dos monedas de su bolsillo, las frotaba y hacía esta observación: "Cuando las cosas se ponen difíciles hago esto y recuerdo el día cuando ni siquiera tenía dos centavos".

Allí vi sentada a "Lola", nuestra veterana residente, que celebrará sus treinta y ocho años de sobriedad en febrero: "Soy Lola, una alcohólica. ¡Gracias a Dios y a Alcohólicos Anónimos, hoy no he tenido que tomar un trago!"

Estaba "Blackie", que solía dormir con su botella echado en la maleza del patio trasero, antes de que lograse la sobriedad dentro del grupo. Guardaban para él las colillas que quedaban después de cada reunión a manera de ofrenda.

Recuerdo a "Lee S.", que una noche me dijo: "De acuerdo, las cosas hay que planearlas, pero no tienes que planear los resultados". Volvió a su casa esa noche y murió en paz mientras dormía.

Y el viejecito del acordeón; teníamos que recordarle que podía cantar después, pero no durante las reuniones.

Tanta gente —jóvenes y viejos, ricos y pobres, sencillos y sofisticados—, todos unidos por una búsqueda común: la libertad diaria de la tiranía del alcoholismo; algunos lográndolo, otros fracasando, aunque volviendo e intentándolo nuevamente, y algunos, tristemente, cayendo y no regresando nunca más.

Así, pues, ayer nos despedimos de 30 North Main, que ya no está sucio sino completamente arreglado y recién pintado por su nuevo dueño, listo para ser ocupado por nuevos inquilinos que podrán pagar un alquiler que supera nuestro presupuesto.

La reunión de anoche fue algo más que una reunión de rutina: hubo nostalgia y reminiscencias, desde luego, pero también esperanza y fe en el futuro, que germinaban de un pasado comprobado; el convencimiento de que la energía que se percibe en ese recinto es mayor que la suma total de los que estábamos presentes.

De modo que el latido continúa. El gran corazón palpitante de Alcohólicos Anónimos de todo el mundo, y también de nuestra pequeña ciudad del valle.

Y está la gratitud por todos compartida hacia el corredor de bolsa y el médico, y hacia Dios, como nosotros lo entendemos.

S. M., *Lodi, California*

La ventisca del 82

Octubre de 1989

L a ventisca había empezado mucho antes de que ninguno en la fábrica se diera cuenta de ello. Mirando a través de las puertas de seguridad en el vestíbulo de la planta, pude ver que la nieve que caía en Willow Street parecía insignificante y sin consecuencias. Había habido rumores de una tormenta considerable, pero no se había hecho ningún anuncio y sólo unas pocas personas se habían ido a mediodía.

Era martes, y en 1982 el martes significaba una sola cosa para mí. El Grupo de Jóvenes de Springfield se reunía en la Iglesia Emmanuel a las 9 de la noche. El grupo se reunió por primera vez en marzo de 1969, y desde entonces había habido reuniones todos los martes a las nueve de la noche. Me sentía muy orgulloso de que nuestro grupo jamás hubiera cancelado una reunión por ningún motivo. Las personas con las cuales maduré en AA no eran partidarias de cancelar las reuniones. Como solía decir mi buen amigo John X.: "Si la bomba atómica cayera en Chicopee, alguien llamaría por teléfono y preguntaría: ¿A cuál reunión vas esta noche?" Eso era lo normal.

La primera indicación de que había un contratiempo fue que el ómnibus que iba de East Hartford a Springfield demoraría dos horas en

23

recogernos al final del turno. Aún entonces no teníamos la más remota idea de la gravedad de la tormenta. Para mí seguía estando dentro del orden de un inconveniente menor. Sólo dos horas después de que habíamos subido al ómnibus, que avanzaba cada vez más lentamente por la carretera 91 Norte, esforzándome por ver a través de las ventanillas tapadas por la nieve, empecé a preocuparme. Docenas de autos habían sido abandonados. Algunos camiones habían resbalado por la carretera y caído a la zanja divisoria quedando doblados como una navaja. Empecé a temer que llegaría con retraso a la reunión. Pero mejor tarde que nunca. Al final, llevó tres horas llegar de East Hartford a Springfield, y llegamos puntualmente a las nueve.

Sin embargo, la verdadera conmoción fue cuando me bajé del ómnibus, a quince millas de mi casa y me di con la nieve que me llegaba hasta la cintura. La iglesia estaba allí, desde luego. Pero la puerta de entrada estaba a oscuras al igual que las ventanas. ¡Las luces se habían apagado! En mi incredulidad traté de acercarme a la puerta. Después de intentar avanzar unas pulgadas con gran dificultad, me di cuenta de que no iba a ninguna parte. ¡Esa noche no habría reunión!

El único espacio que había sido limpiado era la carretera y tenía que caminar un buen trecho para llegar hasta allí. Tenía tiempo de sobra para asimilar la conmoción. Había algunos individuos vigorosos que andaban en trineos y esquíes nórdicos. Pero lo que había era un enorme vacío fantasmal y el ruido pavoroso de la nieve que soplaba por entre las ramas desnudas de los árboles, azotando la carretera con sus remolinos. Las ventanas de los negocios estaban a oscuras. No se veían autos. La perspectiva de volver caminando a mi casa no me preocupaba en modo alguno. Pero sí la de faltar a mi reunión.

Si nunca sintieron amor por un grupo de AA, esto no les interesará mayormente. Pero éramos un grupo unido y el de los jóvenes era todavía algo bastante nuevo en Massachussets. La nuestra era una de las reuniones más numerosas del valle. Unas ciento cincuenta personas todas las semanas. Todas las sillas se ocupaban y muchos debían permanecer de pie. Cuando el tiempo era cálido calculábamos el tamaño de la reunión por la cantidad de motocicletas estacionadas en el frente. Era una reunión de cinco, de siete o de diez motocicletas. Todos nosotros pasamos allí muchos momentos inolvidables. Esta brusca interrupción de nuestra rutina trajo el recuerdo de algunos de ellos en el largo camino de regreso hasta el centro de Springfield.

Un año tuvimos una reunión navideña y después del Padre Nuestro habíamos conseguido que unos chicos de AA entraran y cantaran villancicos. Cantaron "Rodolfo", "Oh, pueblecito de Belén", pero el que llegó a conmover a todos fue "Noche de paz". No había ningún ojo seco en la habitación. Recientemente recibí un llamado telefónico del padre de uno de esos "chicos", que ahora está en la universidad.

Otro año tuvimos una reunión de despedida para miembros de un comité que volarían en un gran jet a Memphis para presentar una propuesta para que fuéramos la sede de ICYPAA (Conferencia Internacional de Gente Joven en AA). El local estaba atestado como nunca. Todas las puertas estaban pegadas con afiches y letras recortadas que decían "Buen viaje" y habían colgado globos en la parte delantera del salón. Algunas personas dedicadas al servicio a nivel del área habían venido para dar su apoyo. Desde el principio habían dado al comité de propuesta todo el apoyo que ellos podían dar para que se pusiera en marcha.

Luego estaba aquella noche en que uno de nuestros más difíciles candidatos a la sobriedad comenzó una distribución no autorizada de literatura arrojándola por todo el salón, volteando sillas y "actuando descontroladamente", como suele decirse. Afortunadamente, esto sucedió antes de que empezara la reunión de modo que hubo tiempo de llamar a la policía. Después de perseguirlo alrededor del salón unos cuantos minutos pudieron ponerle las esposas. "¿De qué me culpan?" preguntó. Uno de los oficiales respondió: "Ya lo pensaremos".

El primer aniversario del grupo lo había coordinado yo y planeado hasta el último detalle. Pensé que AA tenía que ser un poco más colorido y animado. Conseguí que vinieran cinco monjas guitarristas que dieran cierta calidez antes de la reunión. Había una vela en cada mesa y todo ello terminó con todos cantando a los gritos el "Himno de Batalla de la República". Mi padrino estaba francamente catatónico de ira.

Una noche convoqué a una reunión especial administrativa con el solo fin de renunciar a la coordinación del grupo. Consideré que tan grave decisión exigía una asamblea solemne. No estaban tristes ni tampoco estaban contentos. Lo aceptaban. Dijeron que estaba bien. Me sentí muy rechazado.

Caminando por la desolada carretera sin nadie con quien hablar, sin nada que se moviera salvo la nieve, me pareció que había perdido la noción del tiempo. No podía afirmar si habían transcurrido diez minutos o media hora.

Lo principal acerca de la reunión de jóvenes consistía en que había un pequeño grupo de nosotros que tenía que estar allí. Para hacer café. Para colocar las sillas y la literatura en su lugar. Pero sobre todo para dar la bienvenida a los nuevos. Éste era nuestro grupo base y ellos eran nuestros huéspedes. Había jóvenes enviados por los tribunales y por otras agencias. Circulaba un rumor de que la patrulla contra el vicio se había infiltrado en nuestro grupo y que estábamos siendo vigilados. Me pareció bastante extraño, pero vaya a saber. Podría haber sido cierto.

También hubo un período en que nuestro grupo se dividió por la cuestión del formato y por causa de ciertas personalidades. Llamamos en consulta a una veterana que había tenido mucha experiencia de servicio. Presidió nuestra primera disputa como grupo (más formalmente conocida como reunión de conciencia de grupo). Esa noche nuestro grupo no tenía mucha conciencia, o al menos no estaba del todo informada y necesitaba orientación. Ella la proporcionó y el grupo sigue funcionando, más sólido que nunca.

A lo largo de los años, en ese grupo transcurrieron vidas enteras, se cumplieron sueños, hubo corazones destrozados y planes malogrados. Pero hubo reuniones. Si los Boy Scouts necesitaban el salón, nos reuníamos en el gimnasio. Si las máquinas registradoras de votos electorales estaban funcionando, esperábamos hasta que se hiciera el recuento de votos para luego reunirnos. Grupos enteros de líderes vinieron y se fueron. Se formaron facciones y chocaron entre sí. Hubo tiranos que lograron dominar y que luego perdieron toda su influencia. Novatos asustados observaban sin intervenir hasta que tuvieron el valor de unirse a la diversión o a la disputa, según los casos. Pero las reuniones se llevaban a cabo.

Había estado caminando un largo rato cuando llegué a una curva tan cerrada y empinada de la carretera que el camión que venía detrás de mí casi me atropelló. Pero hizo una maniobra y tuve suerte. Un hombre acompañado de su familia me dejó en mi misma calle.

No pude dejar de pensar en el grupo. Si el tesorero se hubiera fugado con el dinero, habría una reunión. Esa noche me costó dormirme. Pensé en la observación de John X. sobre qué pasaría si cayera la bomba atómica. Sería motivo para una reunión. Todavía tengo presente la imagen de esa iglesia oscurecida y esas ventanas sin luz. El vacío, la sensación de haber sido abandonado por un edificio es algo que jamás olvidaré. Ese día quedará como un día incompleto. Si nunca sentiste amor por un grupo, no cabe ninguna explicación. Si lo sentiste, no la necesitas.

Jim N., West Springfield, Massachussets

El eslabón más débil

Febrero de 1995

"Una cadena es tan fuerte como su eslabón más débil". Hemos oído esta frase a lo largo de nuestras vidas. Seguramente la oímos de labios de nuestro profesor de gimnasia en la escuela secundaria. Los soldados, en las fuerzas armadas, se la oyeron a los instructores de reclutas. Cabe aplicarla a casi todos los aspectos de nuestra sociedad, desde el mundo de los negocios hasta el de los deportes profesionales.

Pero existe un ámbito donde nos hacemos fuertes por el eslabón más débil, y es en el de la maravillosa Comunidad de Alcohólicos Anónimos. En este caso, el eslabón débil es el recién llegado. Cuando un hombre o una mujer nuevos pasan por nuestra puerta por primera vez, pueden sentirse solos, confundidos, desesperados y débiles. Es en tales circunstancias cuando nuestros tres legados de Unidad, Servicio y Recuperación entran a funcionar de lleno. Todos nosotros nos unimos para hacer lo que podamos por los nuevos. Somos fuertes como grupo y nos hacemos más fuertes a través de la debilidad de aquellos, que a su

27

vez se vuelven más fuertes en la recuperación gracias a nuestra unidad. Esencialmente, la cadena de AA se hace más fuerte gracias a su eslabón más débil.

Lo mismo se dice de aquellos miembros de AA que sucumben a la compulsión de beber y tienen un desliz o una recaída. Si logran volver a las reuniones, encontrarán fortaleza y apoyo en nuestra unidad.

Alcohólicos Anónimos es un lugar donde los débiles son aceptados con los brazos abiertos. Todos nosotros somos eslabones débiles cuando llegamos por primera vez a AA. Pero nos hacemos fuertes, como individuos y como Comunidad, cuando somos forjados en el crisol de la Unidad, el Servicio y la Recuperación.

Anónimo

Una antorcha
en la oscuridad

Septiembre de 1991

L a primera vez que mi temeroso y desorientado yo entró subrepticiamente a una reunión de AA, me asombró la seriedad y la concentración que mostraron los participantes de la reunión. Se trataba de una sombría reunión de principiantes, impregnada de dolor. Éstos eran los primeros alcohólicos auténticos que conocí, y no estaba segura de pertenecer a ese grupo; los escuché durante varias semanas hasta que descubrí que su dolor y su desorientación eran los míos. Pero recuerdo sobre todo mi asombro cuando comparé estas reuniones a otras de mi vida exterior a las que asistía en mi carácter de miembro de un comité.

Estaba acostumbrada a discusiones carentes de restricción, que a menudo se apartaban del tema a tratar, desviándose hacia los intereses personales de los presentes, las maniobras para adelantarse a los demás,

28

los pedidos de atención y el ego tratando de llevar la voz cantante. Yo había sido "líder" de mi propia comunidad, y sabía muy bien cómo funcionaban las reuniones. Uno resolvía cómo un tema debía ser resuelto (según el propio criterio de lo que convenía), convencía de antemano a los otros de su propio punto de vista y generalmente intimidaba al resto para que aprobara la moción. Reuniones como ésa predominaron en mi vida durante varios años antes de que conociera AA. Yo era una experta en manejar reuniones, resolver problemas y convencer a otros de la superioridad de mi punto de vista. No entendía en ese entonces que eso era un síntoma de mi "obstinación desenfrenada". Siempre y cuando estuviera dispuesta a ocuparme de todos los detalles y a ejecutar todas las decisiones, los demás parecían estar bien impresionados con mi dominio de la estructura de la organización y personalmente me iba muy bien en los puestos de liderazgo, cosa que, como descubrí más adelante, se había convertido en mi forma de ocultar mi inseguridad creciente y la sensación cada vez más clara de que estaba perdiendo el control de la situación.

Pero aquí, en las reuniones de AA, conocí un fenómeno prodigioso que jamás había experimentado. Las reuniones empezaban y terminaban puntualmente. Se elegía un tema, cada uno hablaba por turno sin alejarse del mismo. Nadie interrumpía, y ante mi asombro, algunos preferían no hablar para poder oír a otros.

Estaba encantada de que nadie conociera mi prestigiosa habilidad para manejar reuniones porque para ese entonces, en la etapa final de mi compulsión alcohólica, estaba demasiado abatida y tenía tan poca confianza en mí misma que sólo podía hacer comentarios breves y pasar el micrófono a otra persona. Pero estaba recibiendo un mensaje: éste era un asunto serio (demasiado serio para permitirme los trucos a que estaba acostumbrada) y que de algún modo lo que ocurría allí, sea lo que fuere, servía a algunas personas. Esta fascinación por el procedimiento, junto con el hecho de que estaba ansiosa por dejar de beber, hizo que volviera una y otra vez a las reuniones.

Si bien ya pasaron unos cuantos días desde aquellas primeras reuniones, todavía estoy asombrada del aura que las envuelve. Todavía me maravilla la forma en que un grupo de personas de egos dominantes guarda silencio cuando el coordinador de la reunión anuncia el comienzo de la misma, la atención que se presta cuando se leen los Pasos, la cortesía que demuestran al orador. Cualesquiera que sean nuestros problemas inmediatos, nuestros temores o resentimientos, los dejamos de lado cuando empieza la reunión y nos concentramos en el objetivo principal.

No hay nada que sea más ilustrativo que lo que sucedió en la reunión de mi grupo base la primavera pasada. Una mujer de baja estatura y de voz suave había empezado a hablar a los ochenta y tantos alcohólicos presentes esa noche. Podíamos oírla mejor gracias a un nuevo altoparlante comprado por el grupo. Ya había hablado cinco minutos cuando afuera los rayos y los truenos comenzaron a competir con su voz susurrante, y nos inclinábamos hacia delante para oír mejor a Marge, que contaba adónde el alcohol la había llevado.

Súbitamente, las luces se amortiguaron dos veces hasta que se apagaron, dejando el subsuelo de la iglesia en tinieblas. Marge paró de hablar, y todos esperaron que las luces y el micrófono volvieran a funcionar. Después de unos minutos de silenciosa oscuridad, el salón cobró un aspecto fantasmal a medida que las llamitas de los encendedores se encendían al azar.

Aún a oscuras y en silencio, Marge continuó su relato, mientras tres miembros del grupo base avanzaron a tientas hasta el armario donde guardamos las cosas del grupo, encontraron velas que habíamos usado en la reunión de las Fiestas del pasado diciembre, las encendieron y colocaron una en cada mesa. Una más fue colocada en el atril, delante de Marge, iluminando su cara mientras hablaba. Los tres miembros volvieron a sentarse, y en la oscuridad nadie se movió ni hizo ruido. Todos seguíamos sentados, y la voz de Marge resultó misteriosamente amplificada por la silenciosa oscuridad y la intensa concentración del grupo.

Cuando Marge llegó a la parte correspondiente a su recuperación, las luces volvieron a encenderse, pero nadie pareció notarlo. No hubo vivas, ningún signo de que algo había cambiado, excepto que la postura del grupo se había distendido levemente en respuesta a la reanudación del sistema de sonido que hizo que la voz de Marge resultara más fácil de oír.

Cuando terminó la reunión y el salón se llenó con la voz estridente de la camaradería, reflexioné acerca de la sencillez de este maravilloso programa. Durante cuarenta y cinco minutos, la atención a todo lo que nos rodeaba —los truenos, la súbita oscuridad, la dificultad de oír la tímida voz de Marge, la inseguridad de no poder moverse libremente— fue suspendida al concentrarnos en nuestro objetivo principal: una borracha hablando a otros borrachos sobre alcoholismo y recuperación.

Nadene S., Pittsburgh, Pennsylvania

Las alegrías
del servicio

¡Si no puedes vivir ni morirte, ponte a hacer el café!

Septiembre de 1988

Se ha dicho en estas salas que si todos hiciéramos una pila arrojando nuestros problemas y diéramos vueltas alrededor de la misma durante un rato, cada uno extendería la mano y se llevaría de vuelta sus problemas. Como alcohólico activo, me gustaría tener una moneda de cinco centavos por cada vez que me he sentido en ese estado de desesperación extrema. ¡Que Dios me ayude! ¿Qué puedo hacer? He alejado de mi lado a todos los que significan algo para mí; no sé cómo comportarme entre personas normales ¡y no puedo parar de beber! Desearía poder cambiar todo, cambiar a todos, para que las cosas mejoraran. Creía que conocía las respuestas, pero por alguna razón inexplicable nada parecía funcionar. Todo en mi vida parecía empeorar cada vez más cuando lo que yo más quería era que mejorara. Me di cuenta que no podía vivir de esa manera, pero no encontraba otra manera de vivir.

Una alternativa parecía ser la muerte. Si me mataba tendría la última palabra después de todo y mi familia se beneficiaría con el seguro. Parecía ser la última oportunidad de escribir un final feliz. Pero no era realmente tan macho. Estaba aterrado y sabía que estaba a punto de perder todo lo que había conseguido a través de la manipulación. Era como si toda mi vida no hubiera tenido sentido. ¿Qué debía hacer?

¡Ponerme a hacer café! Eso es lo que me había sugerido un tipo insensible durante una reunión. "¿Por qué pensar constantemente en lo que no *puedes* hacer? Sólo consigues sentirte más frustrado. ¿Por qué no te concentras en lo que puedes y lo haces? ¿Quieres ser genuinamente valioso en este mundo? Entonces desciende del Olimpo y únete a nosotros. No necesitamos al vicepresidente de una corporación, y aquí tampoco valen tus demás credenciales. Lo único que nos interesa es ayudarnos a nosotros mismos al ayudarnos unos a otros a encontrar lo que todos buscamos desesperadamente: liberarnos del alcohol y tener una vida satisfactoria y útil. No necesitamos un genio. Necesitamos a alguien que nos haga el café. ¿Quieres volver a sentirte bien? ¡Ponte a hacer el café!"

No podían saber en qué se habían metido. Nunca había hecho una taza de café en toda mi vida, y aquí me pedían que preparara café para un montón de gente. La perspectiva me asustaba de veras, aunque lo reconozco, me distrajo de mis otros problemas. Me veía ante un problema *real*: ¿cómo decirles a los miembros del grupo que estaba aterrado?

Bien, me hice de coraje y les dije que no tenía la experiencia suficiente para hacer café. De modo que pusieron a dos de los miembros para que me enseñaran a hacerlo. Pocas semanas después no sólo podía hacer un buen café (ojo, ochenta tazas), sino que descubrí que con el oficio que había adquirido venían beneficios adicionales. Empezaron a confiarme la llave del salón de reunión y se convirtió en mi responsabilidad colocar las sillas y los letreros de la reunión.

A Dios gracias no sentí que nada de esto me menoscababa, porque al hacer esas cosas y no cuestionar su utilidad ni la razón para hacerlas (me dijeron que me ayudarían a mantenerme sobrio), experimenté un milagro. Porque mientras hacía esas cosas sentí que yo era una parte real, viviente e importante de esta admirable comunidad. ¡Yo pertenecía! Fue mi introducción al ahora, y por primera vez en muchos años conocí la serenidad. Descubrí que limpiar con una escoba al final de cada reunión también me ayudaba a estar sobrio, y no por tratarse de un propósito elevado como ayudar al grupo. No, era más bien porque sospechaba que la mayoría, si no la totalidad, de los verdaderamente sobrios había hecho lo mismo y conocía el secreto de lo que podía hacer para una importante figura como yo el hecho de limpiar con una escoba. Estaba agradecido de que me amaran lo suficiente como para saber y darme exactamente lo que yo necesitaba.

Todo lo que pensaba mientras hacía el café era en hacerlo y cómo los demás lo disfrutarían. Por sugerencia de mi padrino, permanecía de pie junto a la cafetera y daba la bienvenida a todos los que pasaban. Debo de haber recibido un millón de sonrisas en un lapso muy breve. Y cuando me puse a barrer me concentré exclusivamente en el polvo que se levantaba mientras avanzaba con la escoba por la superficie del salón. Mis preocupaciones desaparecían mientras hacía estas tareas. Y lo mismo te puede ocurrir a ti. Si no puedes vivir ni morirte, ponte a hacer el café.

Jerry B., Freeport, New York

Abriendo el cerrojo de la conciencia del grupo

Febrero de 1992

A menudo he oído decir que todo lo que se necesita para empezar un nuevo grupo de AA es un resentimiento y una cafetera. Los resentimientos me mantuvieron ebria por muchos años, y en 1987 yo estaba literalmente muriéndome a causa del alcohol y de mi adicción a las drogas, incentivados por mis resentimientos. Logré la sobriedad en un grupo que estaba cerca de mi casa. Me dieron la bienvenida, me amaron y me dijeron que no dejara de volver allí. Por la gracia de Dios, lo hice. Esas personas me amaron a lo largo de ese año. Me abrazaron y sinceramente compartieron conmigo su experiencia, fortaleza y esperanza. El grupo se había dividido aproximadamente un año antes de que yo viniera, de modo que teníamos muchos recién llegados así como unos pocos veteranos, y ese año el grupo se fue agrandando y me sentí tranquila y a gusto. Cuando cumplí mi primer aniversario todos lo celebraron conmigo. Nunca había sentido hasta ese momento una sensación tan reconfortante. Me sentí amada y que "formaba parte de algo".

Cuando tenía dieciocho meses de sobriedad, elegimos un RSG del grupo. Hasta ese momento no habíamos tenido un RSG, y como ninguno de nosotros llevaba mucho tiempo en AA decidimos que cualquiera que tuviese un año de sobriedad continua podría ocupar ese cargo.

· Me eligieron a mí. Estoy segura que mi ego estaba fuera de control; me pareció que era algo parecido a un concurso de popularidad y que yo lo había ganado. Pero decidí desempeñarme de la mejor manera posible, cumplir con mis deberes y regresar a mi grupo con un informe mensual sobre las reuniones del área. Combatí mi orgullo y mi ego antes de la primera reunión de área, y rogué por tener cierta humildad. Hice lo mejor que pude en esa ocasión. En la primera reunión de área los otros RSG me dieron la bienvenida y hablaron de aportar dinero a la oficina central y a la OSG. No habíamos hecho eso en mi grupo base, y me dijeron que lo sometiera a la conciencia de nuestro grupo y que explicara a los miembros del mismo la necesidad de ayudar en esos niveles. Les expliqué que no teníamos regularmente una reunión de conciencia de grupo y eso los dejó perplejos. Nunca habíamos tenido elecciones para ningún cargo que no fuera el de RSG, su alterno y de un representante ante la oficina central. Me sugirieron que como RSG convocara a una reunión de conciencia de grupo para informar lo que ellos me habían comunicado. Después de esa reunión, confeccioné un cartel, elegí una fecha y coloqué el anuncio en el tablero de nuestro lugar de reunión. Al día siguiente el letrero había desaparecido. El dueño del edificio —un alcohólico en recuperación— me dijo que no volviera a poner ningún letrero y que no tendríamos ninguna reunión de conciencia de grupo a menos que él la convocara. Traté de explicarle lo que yo había oído y que como RSG tenía el deber de comunicarlo. Luego discutimos por teléfono durante un rato. Ese día dije muchas cosas y cuando la conversación llegó a su fin, estaba furiosa.

Lloré y grité, asistí a las reuniones y compartí mis sentimientos. Mis sentimientos estaban heridos en lo más hondo. Mi ego me decía que yo estaba a cargo y que seguramente todos se darían cuenta de que la razón estaba de mi lado. El dueño del edificio rara vez asistía a las reuniones, de modo que jamás hubo una confrontación directa.

Al cabo de una semana de furia enfermiza y de rencor, de insomnio e insultos, algunas personas me aconsejaron que hiciera de todos modos la reunión de conciencia de grupo. Antes de esto había decidido abandonar el grupo y encontrar uno nuevo, pero ahora decidí que no estaba sola, de modo que fijamos la reunión de conciencia de grupo para el sábado a la tarde. Una vez más el hombre me llamó y me dijo que las puertas quedarían cerradas con candado.

Llegado a este punto, yo estaba enferma y consumida por el resentimiento. Tuve ganas de emborracharme por primera vez en mucho tiempo. Ese sábado a la mañana me desperté ante un día hermoso que yo no podía ver, me hinqué y recé para que el Señor me diera coraje, me guiara y que se hiciera la voluntad de Dios y no la mía. Estaba aterrada; pensaba que había vuelto a crear otra crisis y quería que todo anduviera bien. "Te ruego Dios que me des lo que necesito para conocer tu voluntad". Después de ponerme de pie sonó el teléfono; era el delegado de nuestro estado con el que había tratado infructuosamente de ponerme en contacto unos días antes. Me sentí calmada y serena cuando hablé con él. El miedo y la ira habían cesado y sentí la presencia de Dios junto a mí. Hablamos cerca de una hora y me dijo que me mantuviera fuerte y que no olvidara nuestro propósito primordial: mantenernos sobrios y ayudar a los demás.

Tuvimos nuestra reunión de conciencia de grupo; otro grupo nos ofreció su edificio ya que en nuestro lugar de reunión las puertas estaban cerradas con candado. Me di cuenta de que me encontraba bien cuando acepté que las puertas estuvieran cerradas. No me gustaba pero lo acepté.

A partir de esa primera reunión de conciencia ocurrió un milagro. Ahora tenemos un nuevo grupo que nos gusta, y miembros que se preocupan de que haya una conciencia de grupo. Rezo diariamente por el hombre del otro grupo, y si bien vuelvo a sentir resentimiento cada tanto, trabajo en mi parte del resentimiento y pienso que esto ha sido parte de mi crecimiento espiritual. Nuestro grupo es pequeño pero hemos estado allí para los nuevos que nos necesitan tanto como nosotros los necesitamos a ellos. Hoy estoy sobria, gracias a Dios y a AA, y mi Poder Superior está conmigo y me revela más cosas cada día.

Puedo recordar a las personas que me amaron hasta que pude volver a la vida, y siento satisfacción por mis opciones. No puedo olvidar dónde logré la sobriedad, pero hoy elijo el servicio, la unidad y la recuperación. He aprendido un poco más lo que significa "Vive y deja vivir".

Toni F., Wichita, Kansas

Coordinador del grupo

Mayo de 1974

El hecho de ser coordinador de un grupo de AA lleva mucho tiempo y esfuerzo. Ahora que estoy llegando al final de mi período de funciones, he estado pensando mucho en esta experiencia sumamente interesante.

Me llevó tiempo descubrir que el grupo tenía realmente conciencia e identidad propias, que no tenían nada que ver conmigo. La tarea se volvió fatigosa sólo cuando traté de reemplazar la conciencia del grupo por mi propia conciencia al promover actividades. Pronto me di cuenta de que el coordinador es realmente un servidor, un instrumento.

El encargado de hacer el café puede parecer el que ocupa el escalón más bajo de la escala jerárquica, pero yo lo consideraba el hombre indispensable para cada reunión. De modo que traté de ayudarlo lo más que pude. No es una tarea fácil, y son pocos los que se ofrecen a ayudar. Nunca dejé solo al encargado de hacer el café, especialmente cuando llegaba el momento de limpiar el salón.

Yo también llegaba siempre antes de hora. Y cada vez que abría con la llave la puerta del salón, sabía que estaba en un lugar adonde quería estar.

Siempre decía unas palabras alentadoras a los nuevos. Me gusta conocer gente nueva. Necesito de AA para mantenerme sobrio, y el recién llegado es la persona más importante para que AA perdure.

Casi siempre logré ser amable con los veteranos malhumorados, que me decían que todo lo que hacía estaba equivocado.

Nunca exageré las cualidades de un orador al que estaba presentando ni me referí al mismo como un amigo mío o como alguien que me prestó su ayuda. Esto es improcedente. Dejo que los oyentes decidan acerca del mérito del orador. Lo que gusta a uno puede no gustarle a otro.

Nunca pensé que la duración de la sobriedad bastara para que un orador fuera bueno. La gente que tiene una dependencia sólida en AA

39

resulta por lo general fácil de escuchar. Tendía a evitar a aquellos que eran "magníficos en los Pasos" o que tenían una "tremenda sobriedad" (sea lo que fuere). No solía elegir a un orador que "necesitaba hablar". Trataba de elegir a aquellos que eran, a mi juicio, aptos para el grupo.

Al principio, me preocupé mucho por los oradores, preguntándome si al grupo le gustarían los que yo había elegido. Me preocupaba tanto, que no disfrutaba de las reuniones. Cuando terminaban, mientras barría aplicadamente el piso y recogía las colillas, me lamentaba de mi suerte. Agréguese a esto que tenía que soportar las oleadas de resentimiento por parte de personas que se sentían culpables porque yo barría el piso. Aprendí a cambiar mi manera de pensar con respecto a todo eso, y ya no guardo rencor.

El mejor coordinador debería ser flexible, tener sentido del humor y humildad. Sobre eso hay algunas pautas. Cada grupo es autónomo, y lo que es adecuado para un grupo podría no serlo para otro. No es fácil mantener las cosas dentro de un orden razonable sin ser mandón. Es posible que cualquiera pudiese hacerse cargo de un grupo de AA, y esto es malo tanto para el grupo como para la persona que se hace cargo (como tan duramente aprendí). ¿Por qué llega esto a ocurrir? A menudo, porque no hay suficientes miembros interesados en la labor y las responsabilidades que atañen a los servidores del grupo. Me gustaría que otros supieran que su participación en las actividades grupales es necesaria. Aún más, puede incluso ser divertida. Una persona puede aprender a ser un buen coordinador, crecer mientras presta servicio, y eso hace que la tarea resulte gratificante.

Anónimo, Manhattan, New York

Secretaria del grupo

Julio de 1980

Mi ejemplar de *Alcohólicos Anónimos* sugiere que si quiero lo que tú tienes, debería hacer algunas cosas, como ser el entrar en acción y dar lo que tengo, es decir, trabajar con otro alcohólico. Una y otra vez, lo oigo formulado de diferentes maneras. Como dice nuestro libro, los tres primeros alcohólicos de AA descubrieron que tenían que dar a otros lo que ellos habían encontrado o, de lo contrario, se hundirían.

Creo que hay que darlo para poder mantenerlo.

Actualmente, soy secretaria de un grupo ¡y cómo me gusta hacerlo! Gracias a mi curso de "acción enérgica", todas las promesas de la página 79 del Libro Grande se cumplen en mi caso de manera continua. Pienso que se debe a mi participación en AA, porque el libro declara al final de las promesas: "...siempre se realizarán si trabajamos para obtenerlas". "¿Trabajo?" Para mí es un placer, un honor y un don llovido del cielo.

Ser secretaria es algo que me resulta estimulante. Después de cinco meses en el programa, el grupo me eligió secretaria, y desde el principio me gustó la responsabilidad que asumía. Siempre me gustaron las reuniones y las expresiones de los miembros, "ese algo indefinible en los ojos de los hombres", "el ambiente estimulante y conmovedor", como se describe en la página 148 de nuestro Libro Grande.

Recibo una de mis mayores gratificaciones cuando anuncio "Si hay alguien nuevo...", y uno, dos o tres se ponen de pie y dan su nombre. Luego, después de la reunión, me hago responsable de que se los invite a regresar, a conocer nuevos amigos, a disponer de números telefónicos y a recibir el amor y la atención que recibí en mi primera reunión

El ser responsable es mi forma de expresar mi agradecimiento a Dios por lo que Él me ha dado. Cuando tenemos amigos nuevos en nuestra reunión, hago todo lo que puedo para que se sientan queridos.

Otro placer que siento es comprobar que los nuevos vuelven a la semana siguiente y observar cómo crecen lentamente dentro de la Comunidad y adquieren muchos nuevos amigos que se interesan en ellos. Una vez oí la siguiente definición en una reunión: "AA es gente que ayuda a otra gente". Me siento orgullosa de pertenecer a AA.

AA me ha dado una finalidad en la vida; la encontré en la página 77 de nuestro Libro Grande: "Nuestro verdadero propósito es ponernos en condiciones para servir al máximo a Dios y a los que nos rodean". No conozco mejor empleo para cumplir ese deber que ser secretaria de un grupo de AA.

Ser secretaria me lleva a muchas otras reuniones en busca de oradores invitados. (En nuestro condado hay 331 reuniones semanales.) Trato de extraer algo para mí en cada reunión a la que asisto. En nuestra área

41

tenemos a una alcohólica muy feliz cuyo nombre es María. Algunos miembros le preguntan cómo conseguir algo de esa felicidad. Ella pregunta: "¿Cómo quieres ser? Si quieres ser feliz, ve a una reunión. Si quieres ser doblemente feliz, ve a dos reuniones. ¡Y si quieres ser *realmente* feliz, como yo, ve a muchas, muchas reuniones!"

En las reuniones siempre me siento junto a mi amiga Linda. Siempre me gusta lo que ella dice. Una vez alcancé a oír una conversación entre Linda y un principiante que se desarrolló así:

"Pero, Linda, yo no creo en Dios. Y la gente me dice…"

—"Está bien. ¡Limítate a no beber y a asistir a las reuniones!" He seguido consejos como ése durante ocho años y medio, y dan resultado.

Durante la Convención Internacional que tuvo lugar en Denver en 1975, oí muchas cosas notables, pero hay una que retengo especialmente: "La clave de la felicidad consiste en no concentrarse en uno mismo, sino en perderse en los otros". Me gustó lo que Carl W. dijo a nuestro grupo cuando terminó su charla dedicando estas palabras a los nuevos: "Dejen que nosotros los amemos hasta que ustedes aprendan a amarse". Cuando yo era uno de los nuevos en AA, oí lo siguiente: "Si no lo puedes utilizar ahora mismo, guárdalo en un estante para más tarde". Actualmente, veo que echo mano a muchos de estos tesoros. Alguien le preguntó a Jim C. si el Libro Grande le enseñaría cómo lograr la sobriedad. Jim respondió: "No. Pero te enseñará a mantenerte sobrio."

A menudo visito nuestra oficina central para recoger folletos y libros, y esto me hace recordar la ocasión en que fui a una reunión en las afueras de la ciudad y volví con un montón de folletitos que contenían sabiduría, poemas y plegarias. Tratando de hacer algo suplementario para mi grupo, dejé uno en cada asiento, luego comencé la reunión con una plegaria que había leído en uno de los folletos. Cuando terminó la reunión, un miembro veterano se acercó con uno de los cuadernitos y me preguntó si eso era material de lectura de AA. Le dije: "No. Supongo que no". Me explicó entonces que eso era demasiado profundo y complicado. Me explicó también que los comités de AA se encargan de evaluar nuestra literatura.

A partir de ese día, me aseguré de que los libros y folletos hayan sido aprobados por la Conferencia de Servicios Generales de AA.

En todas las reuniones, pido voluntarios para que atiendan los llamados de alcohólicos que aún están sufriendo. Tenemos una gran provisión de formularios de Paso Doce para que sean llenados y devueltos a la oficina central.

En mi caso, la forma de alcanzar la felicidad consiste en empezar cada día de mi vida con amor y en dárselo a los demás. Trato de seguir las instrucciones de la página 86 del Libro Grande. Pido a mi Poder Superior que dirija mi pensamiento y me dé inspiración... y recibo tantas cosas buenas que *tengo* que regalarlas.

H. R., Millbrae, California

El coordinador
de apadrinamiento

Septiembre de 2004

El grupo masculino Loyola de Portland, Oregón, hace más de cuarenta y cinco años que existe, y tenemos una arraigada tradición de recibir bien a los principiantes. El grupo se trasladó a un local nuevo, más grande, a mediados de 1998. Durante los meses siguientes, se duplicó el número de nuestros asistentes hasta alcanzar los 150 por semana. Teníamos tantos principiantes que nos vimos en la necesidad de desarrollar mejores formas de recibirlos e invitarlos a ser parte de nuestro grupo. De modo que, a principios de 1999, hicimos un examen a fondo de nuestra organización mediante un inventario de grupo que duró dos meses. Fortalecidos por este proceso, desarrollamos varias formas de mejorar la calidad de nuestro grupo base, no sólo en relación con los principiantes, sino para todos nosotros.

Los equipos de bienvenida de Loyola son grupos de cinco o seis hombres que se acercan a los nuevos antes y después de nuestras reuniones. Entregan folletos informativos de bienvenida y dan sus números telefónicos particulares. También piden a los recién llegados sus números telefónicos para poder estar en contacto con ellos. Se pide a las personas encargadas de dar la bienvenida que se pongan de pie en la mitad de la reunión para que sean visibles a todos los asistentes, y luego están disponibles durante por lo menos veinte minutos después de la reunión. Comprobamos que los veteranos realmente se ven fortalecidos cuando les toca prestar este servicio. Y mejor aún, el número de principiantes que vuelve aumenta semana tras semana.

Los "Árboles Telefónicos" son grupos de tres alcohólicos que se comprometen a visitarse por teléfono o encontrarse cara a cara al menos una vez por semana, fuera del lugar de reunión. Se rota a los árboles cada tres meses conforme a una lista de participantes voluntarios, y los recién llegados se mezclan siempre con los veteranos. La creciente y continua comunicación entre los miembros del grupo ha sido notable desde que creamos los árboles telefónicos. "Un alcohólico hablando con otro alcohólico" es el fundamento de la entera Comunidad de AA, y funciona indudablemente en nuestro grupo base.

También hemos creado una forma más eficaz de alentar el apadrinamiento. Como sucede en muchos grupos, les pedimos a los nuevos que se presenten al comienzo de la reunión. Anteriormente habíamos sugerido que se consiguieran un padrino, pero hacíamos muy poco por ayudarlos en ese sentido. Como resultado, muchos recién llegados se alejaban desanimados sin haber establecido una conexión efectiva con un padrino. La verdad es que a muchos recién llegados les resulta muy difícil conectarse con personas absolutamente extrañas. Algo que complica aún más las cosas es que muchos veteranos están enfrascados en sus propias vidas, llenas de actividad, y en sus amistades establecidas. Una noche del año pasado, todo eso cambió para nosotros en Loyola. Un miembro veterano del grupo se puso de pie durante los anuncios y dijo: "Si necesitan un padrino, hablen conmigo después de la reunión. Los conectaré con alguien". Esa noche se creó el cargo de Coordinador de Apadrinamiento.

Seis meses de manejarse a tientas le llevó a nuestro nuevo Coordinador de Apadrinamiento encontrar una forma eficiente y efectiva de conectar entre sí a todos esos diferentes alcohólicos. A partir de ese anuncio, casi todas las noches nuevas personas han solicitado, después de la reunión, los servicios de nuestro Coordinador de Apadrinamiento. Él subraya que su tarea consiste en reunir a ambas partes para establecer un apadrinamiento temporal. Toca siempre a los individuos decidir si quieren seguir trabajando unos con otros. El año pasado, ha relacionado entre sí a más de noventa pares de alcohólicos, y bastante más de treinta han evolucionado hacia una relación de tiempo completo.

La primera tarea del Coordinador de Apadrinamiento es crear una lista de voluntarios que quieran ser padrinos. La lista se formó reclutando a veteranos, hablando con otros miembros para que ofrezcan sugerencias y haciendo anuncios generales durante la reunión. Aprendimos que un Coordinador de Apadrinamiento eficaz tiene que ser un miembro activo del grupo, que sea también sociable. Ésta no es una tarea para personas tímidas.

El paso siguiente consiste en reunir información acerca de potenciales padrinos y ahijados. Pedimos sus nombres, su dirección y su número telefónico para que puedan estar en contacto entre ellos. Solicitamos información acerca de la edad del individuo, su historia en AA y la historia de su tratamiento así como su experiencia marital y paternal; todo eso ayudará al Coordinador de Apadrinamiento a efectuar un enlace eficaz. Creemos que es importante que los hombres que se ofrecen como voluntarios para ser padrinos tengan su propio padrino. (En realidad, muchos veteranos que se alejaron de sus padrinos originales tienen ahora nuevos padrinos gracias a los esfuerzos de nuestro Coordinador de Apadrinamiento). También aprendimos que las relaciones más fructíferas se desarrollan al parecer entre personas que asisten regularmente a las reuniones del mismo grupo base.

La experiencia demuestra que el momento apropiado para lograr una conexión es durante la reunión. Cuando un principiante se acerca a nosotros, estamos preparados para recibirlo y podemos sugerir un padrino que pueda empezar a trabajar con él esa misma noche. El Coordinador de Apadrinamiento debe estar dispuesto a comunicar al candidato lo que debe hacer para que las cosas empiecen a andar bien. Si el primer enlace no funciona por la razón que fuere, el Coordinador de Apadrinamiento está siempre dispuesto a intentar uno nuevo para que el recién llegado pueda estar conectado.

Descubrimos que el ingrediente clave del éxito al comienzo de esas nuevas relaciones entre padrino y ahijado es el seguimiento que hace el padrino. Si las personas que llevan un tiempo en AA toman la iniciativa en parte durante esas primeras semanas, al parecer los nuevos regresan más frecuentemente y con más rapidez comienzan a participar en forma activa en el grupo. El "síndrome del teléfono de 300 kilos" que hemos sufrido todos se aplica sólo a las llamadas que hace uno; en cambio, las llamadas que se reciben son livianas como una pluma. Cuando nos comunicamos con un nuevo mediante unas llamadas telefónicas, le estamos enseñando con el ejemplo que llamar por teléfono es la manera de permanecer en contacto y mantenerse sobrio.

Cuando reclutamos padrinos potenciales, hemos descubierto que muchos miembros veteranos de AA no confían en su habilidad para apadrinar a otros alcohólicos. Por lo demás, algunos miembros no están seguros acerca del tiempo que tomará su compromiso de apadrinamiento, y no faltan otros que son directamente haraganes. Nuestro Coordinador de Apadrinamiento ha desarrollado su técnica de ser amable y no tan amable en lo referente a alentar y orientar a las personas a que superen su renuencia a ser padrinos. Algunos alcohólicos necesitan en realidad un mínimo de educación, mientras que a otros les basta con recibir un empujoncito en la dirección correcta. Como muchas cosas en nuestra Comunidad, los beneficios sorprendentes del apadrinamiento no pueden ser del todo comprendidos hasta que no son experimentados.

La educación sobre el apadrinamiento se ha convertido en un proceso continuo en nuestro grupo. Contamos con una grabación de audio de un taller de apadrinamiento dirigido por uno de nuestros miembros veteranos en una convención local. Otra fuente confiable es un folleto de A.A. World Services, Inc. titulado "Preguntas y respuestas sobre el apadrinamiento". Recientemente, hemos realizado una serie de seminarios sobre apadrinamiento de una hora de duración que tuvieron lugar antes de la primera reunión del mes. Los seminarios están constituidos por aproximadamente una docena de miembros que hablan entre tres y cuatro minutos acerca de un tema específicamente asignado relativo al apadrinamiento. Algunos de los temas de los cuatro últimos meses han sido: crearse un lugar para sí mismo en AA; empezar con el Primer Paso; usar el teléfono; mantenimiento diario; cambios de adicciones; guardar secretos; la recuperación en la cárcel; recaídas; el paso trece; entender a Dios; y los padrinos no tienen por qué saber todas las respuestas. Estos seminarios mensuales han fortalecido significativamente a nuestro grupo y nos han enseñado mucho acerca del apadrinamiento. También hemos compartido las grabaciones de dichos seminarios con otros miembros de AA pertenecientes a nuestra área.

Coordinador de Apadrinamiento ha llegado a ser un cargo que presta un servicio verdaderamente valioso en el Grupo Masculino de Loyola. Nuestro grupo es más vibrante desde esa noche en que un hombre se puso de pie y dijo: "Si necesitas un padrino, habla conmigo después de la reunión. Te pondré en contacto con alguien." En nuestro grupo los miembros veteranos están más comprometidos; se acercan a los recién llegados y son también más activos con sus propios padrinos. Vemos que más personas nuevas vienen a nuestras reuniones, logran conectarse y mantenerse sobrias. Nuestro grupo está experimentando más plenamente lo que el Libro Grande describe en la página 83: "La vida tendrá un nuevo significado. Ver a las personas recuperarse, verlas ayudar a otras, ver cómo desaparece la soledad, ver una agrupación desarrollarse a tu alrededor, tener una multitud de amigos —ésta es una experiencia que no debe perderse. El contacto frecuente con recién llegados y entre unos y otros es el punto luminoso de nuestras vidas."

Brian F., Portland, Oregón

Eliminando el déficit

Agosto de 1982

Choqué con las tradiciones de AA cuando tenía cinco meses de sobriedad. Los personajes marginales del grupo del barrio del bajo Manhattan cuyas reuniones honraba con mi presencia dos veces por semana —tan sólo porque me hubiera muerto si no lo hacía—, me eligieron tesorera del grupo.

Admiré su criterio. Cada día que pasaba sin beber estaba más brillante y sin ninguna duda era superior a cualquiera de los demás seres claramente inferiores. *Noblesse oblige*, de modo que los complací.

No me dijeron que no había nadie que quisiera hacerse cargo de esa tarea.

Tampoco me dijeron que su interpretación de la Segunda Tradición

47

significaba que podían pasar por alto lo que yo dijera si no estaban de acuerdo con ello.

Ni siquiera mencionaron la esencia de su Séptima Tradición que hoy llamo "la versión del tesorero". Los alcohólicos y el dinero no se llevan bien, podrían habérmelo advertido entonces; pero en ese momento, me hubiera limitado a pensar que se estaban disculpando por el estado desastroso de su contabilidad.

Me dieron un antiguo sobre marrón del tipo acordeón repleto de viejos recibos y US$53, la totalidad de sus bienes. Un libro de contabilidad a dos columnas, negro y rojo, comprado en un almacén de artículos baratos, escrito con garabatos como de gallina, mostraba oscilaciones locas de ingresos y egresos durante cuatro años y una caída récord antes de mi nombramiento. El flujo de caja estaba en rojo. Los ingresos no existían. Se gastaba profusamente en café, azúcar, leche, galletitas y vasos descartables. Pero un único gasto considerable superaba a todos ellos: a fin de cada mes, casi infaliblemente, en un evidente exceso de malentendida caridad, se malgastaba una suma prodigiosa en pasteles, nada menos, para un miembro llamado "Ani".

¡Este grupo necesitaba una administración inteligente! Recortaría los gastos inmediatamente, dejando a "Ani", sea quien fuere, para fin de mes cuando viniera a reclamar su pastel. La llevaría aparte y le explicaría (amablemente) que tendría que irse a otra parte si contaba con que nosotros le diéramos algo más que sobriedad.

En la cocina establecí algunas reglas: un litro menos de leche y una caja menos de galletitas por reunión. El café de marca fue suprimido; se comenzó a comprar café común. Los vasos descartables se podían conseguir en grandes cantidades a bajo precio si uno sabía dónde comprarlos.

Los gastos bajaron. La idea de conseguir descuentos comprando en grandes cantidades impresionó a tal punto a uno de los compradores de comestibles del grupo que uno de ellos trajo a precio reducido una caja de lamparitas de sesenta vatios, que vendió a los miembros a precio de costo. Al final de la reunión las había vendido todas.

Después de cada reunión, volvía sola a mi casa, con los bolsillos repletos de monedas, ebria de poder. Cuidadosamente, registraba las entradas y salidas de esa noche en mi gastado libro de contabilidad y luego, estimulada por mi nueva habilidad mental de retener pensamientos consecutivos, me sentaba esa noche a hacer malabares en la calculadora y proyecciones del futuro éxito del grupo.

Pero los informes que preparaba para los demás servidores del grupo volvían a mí, aparentemente sin haber sido leídos. ¿Acaso me enviaban un mensaje? Sabía que el mío no les llegaba. Les había adelantado un plan proponiendo una fuente de ingreso no utilizada hasta entonces: las reuniones de principiantes. Los nuevos comían demasiadas galletitas, tomaban mucho café y jamás se les pedía que pagaran ni un centavo. Me pareció justo pasarles la canasta. Decidí hablar personalmente del asunto con un miembro en el que había empezado a confiar. Sugirió que tomáramos un café después de la reunión, y acepté. No lo había hecho hasta entonces.

"Sabes", dijo él, "cada vez que veo que un miembro de AA se preocupa excesivamente por el dinero, me doy cuenta que esa persona está realmente en problemas".

No me había entendido, o peor todavía, no había estado escuchando. De modo que volví a decirle que si no entrara dinero de los nuevos, el grupo tendría dificultades reales; nunca dejaríamos de tener números rojos. Estuvo de acuerdo en tratarlo con los líderes del grupo.

La canasta apareció en las reuniones de los nuevos, puesta sobre la mesa del orador. No fue nunca mencionada, ni tampoco circuló, y nunca se obtuvo ni un centavo.

Era verdad, me estaban enviando un mensaje, pero yo no lo entendía. Esta gente no le daba importancia a la solvencia. Quizá no sabían manejar dinero, o rehuían de su potencial. No sabrían qué hacer con un excedente si lo tuvieran.

Al llegar al séptimo mes de haberme hecho cargo de la tesorería, llegamos a tener una modesta reserva de dinero. Decidí averiguar qué querían hacer con ese dinero. Yo había pensado en una cuenta de ahorros.

Convoqué a una reunión administrativa. Di cuenta de mi gestión financiera y luego presenté mi plan: apartar una pequeña cantidad de dinero no sólo nos obligaría a vivir de acuerdo a nuestros medios, sino que significaría una inversión en el futuro que crecería por sí sola a un cinco y medio por ciento constante delante de nuestros ojos. ¿Quién sabe adónde podría llevarnos?

Uno de los compradores de alimentos alzó su mano. "Tal vez sea una buena idea. Podríamos ahorrar para dar una fiesta".

El jefe máximo se sentaba siempre en la fila de atrás. Levantó la voz, dirigiéndose a mí. "¿Cuánto dinero tienes ahora?"

¿Cuántas veces tendría que explicarlo? Volví a decirle que tenía US$120.

—"¿Cuánto pagas mensualmente de alquiler?"

—"Cincuenta".

—"¿Cuánto envías mensualmente a los servicios de AA?"

—"Actualmente estoy enviando diez dólares al intergrupo y la misma suma al comité de instituciones y a la OSG".

En actitud pensativa, se puso de pie. "Nadie en este grupo..." Puso más énfasis en lo que decía. "*Nadie* en este grupo tiene que ocuparse de acumular dinero. ¿Qué crees que es esto... algún tipo de banco? Llevamos el mensaje, y nada más. Mantenemos lo que es importante, dándolo ¡y nadie aquí puede darse el lujo de olvidarlo! ¿Cuánto dinero habías previsto depositar en esa cuenta de ahorros tuya?"

Empecé a temblar interiormente. "Alrededor de treinta, aproximadamente", logré decir. Había previsto cuarenta.

"Propongo que saquemos tus treinta dólares y los enviemos a la OSG, al intergrupo y al comité de instituciones. Distribúyelo como quieras. Y de aquí en adelante, aumentemos nuestras contribuciones en cinco dólares a cada uno". Se volvió a sentar.

¡Estaba tratando de aniquilarme! ¡Todos ellos! Habían empezado a votar. Todas las manos estaban alzadas. De modo que también alcé la mía.

Antes de que el coordinador comunicara el resultado de la votación, yo ya estaba en la calle. Sabía lo que tenía que hacer. Seguí literalmente sus instrucciones, y luego dejé de venir.

Finalmente, regresé, y allí estaba el pastel de "Ani", y yo era una de las que celebraban su aniversario ese mes. Con un alfiler prendí el *corsage* que me dieron, en el vestido rojo de lana que no había usado en seis años porque había engordado mucho. "Créase o no", me oí decir desde la primera fila del salón, "soy miembro de este grupo", y todos aplaudieron.

Un año después, yo era coordinadora de otro grupo. Tuve una idea brillante: "Dejemos que los principiantes se encarguen de pasar la canasta, para que así se sientan más a gusto en el grupo".

El hombre que manejaba las canastas se puso muy nervioso. "¿Cómo podemos confiar en que los nuevos no se lleven parte del dinero?"

"Oye", le dije, "no puedes ponerte nervioso por asuntos de dinero, o te meterás en líos. Debemos confiar en ellos. El dinero es secundario".

Cuando me oí decir eso, sonreí por dentro. Finalmente había logrado equilibrar mi saldo.

C. D., Washington, D. C.

AA en el ciberespacio: en línea y activo

Mayo de 2003

Durante dieciséis años, fui miembro activo de AA e hice todas las tareas usuales: asistir a varias reuniones semanales, apadrinar gente, disfrutar de las tareas de servicio en diferentes capacidades y reunirme con amigos de AA durante la semana. Siempre me gustaron las reuniones (nunca las sentí como obligatorias) y tuve la suerte de tener muchos amigos queridos en la Comunidad, inclusive mi marido a quien conocí en AA. Actualmente, nuestras vidas espirituales y sociales están centradas en Alcohólicos Anónimos.

Luego, hará unos cuatro años, sin ningún aviso, fui atacada por varias enfermedades graves que me afectaron seriamente. Entré súbitamente en lo que ha sido, hasta ahora, el período más difícil de toda mi vida. Mi estado era tan crítico que apenas podía comer o beber, y menos aún asistir a las reuniones de AA. Estuve muy cerca de la muerte. Nunca me había imaginado que pasaría por esto apenas unos años después de haber cumplido los cuarenta, ni tampoco en ninguna otra etapa de mi vida. Sin embargo, como siempre sucede, la vida debe ser vivida tal como se presenta. Súbitamente, fui incapaz de hacer miles de cosas que antes había podido hacer sola. No tengo palabras para expresar todo lo que perdí, y que todavía no he recuperado. ¿Y saben qué era lo que más extrañaba? El contacto con los compañeros. Mis reuniones. Me sentía muy triste cada vez que faltaba a una reunión de mi grupo base. Luchaba por sobrevivir y necesitaba el apoyo de mis amigos de AA y ver cómo el programa obraba en sus vidas. Necesitaba recordar que

51

"no estaba sola" y que con el Poder Superior podemos pasar por cualquier prueba que se nos cruce en el camino y necesitaba todas las grandes bendiciones que el compartir con los demás trae a nuestras vidas.

Al comienzo, mi marido y yo esperábamos que la mía fuera una enfermedad corta, pero no fue así. Al cabo de siete meses sin reuniones, estaba desesperada. Tomé el teléfono y el resultado fue que un pequeño grupo de mujeres empezó a venir a mi casa una vez por semana. Estas mujeres me trajeron esperanza y amor durante dos años, y todas nos beneficiamos con nuestras reuniones hasta que las vidas de cada una de nosotras cambiaron y las reuniones llegaron a su fin.

Por suerte, en el interín, había hecho a un lado mi "desprecio previo a la investigación", obtuve acceso a Internet y me conecté con dos reuniones que se realizan a través del correo electrónico. Fue un paso dado con temor, porque le tenía miedo a Internet y tenía mis dudas sobre las reuniones cibernéticas. Pero sabía que era importante que·lo intentara.

He tenido la suerte de volver a disfrutar de la alegría y el compañerismo de Alcohólicos Anónimos de una manera nueva. En este mes de mayo cumplí veinte años de sobriedad, los cuatro últimos los he mantenido gracias exclusivamente a la comunidad en línea (y la literatura, incluyendo el Grapevine). Contrariamente a lo que temía, he encontrado una sobriedad muy buena en Internet. He llevado a cabo un estudio más serio y más profundo del Libro Grande que el que hice anteriormente en reuniones cara a cara. Me hice de varios amigos íntimos antes y después de las reuniones, que son amistades apreciadas y enriquecedoras, a pesar de la distancia física entre nuestros hogares.

A pesar de que la mayoría de mis amigos de AA me ha dado su apoyo, he oído rumores en contra de AA en línea y cómo es dañino o amenaza con ser dañino para nuestra gran Comunidad. Lamento no estar de acuerdo. Sinceramente, si esta noche pudiera regresar a mi grupo base, allí estaría yo. Me encantaría recibir en persona los abrazos, las sonrisas y las lágrimas que cuando estoy frente a la computadora sólo puedo leer. Pero eso no significa que mis reuniones cibernéticas sean "inferiores" o "no el AA verdadero" o cualquier otra de las críticas que están, a mi juicio, basadas en el miedo. Aprecio estas reuniones en línea tanto como las reuniones cara a cara a las que me gustaría asistir.

Creo que si hay personas que evitan las reuniones cara a cara y "se refugian" en las reuniones cibernéticas, no son la clase de personas que son activas en línea. No superarían inmediatamente su timidez, resentimiento o temor, ni se mostrarían en reuniones cara a cara si se vieran obligadas a ello por carecer de reuniones cibernéticas. Las personas que yo conozco que tienen una participación activa en reuniones por correo electrónico son personas que siempre eligieron participar activamente en AA. Están, como yo, enfermas y muy agradecidas de poder contar con reuniones a las que todavía pueden asistir por Internet, o bien son personas activas tanto en Internet como en las reuniones cara a cara (como espero poder hacerlo algún día).

Mientras tanto, he encontrado muchas oportunidades de prestar servicio en Alcohólicos Anónimos en línea: hay siempre personas nuevas y no tan nuevas que necesitan apoyo y afecto; siempre hay tareas que hacer. El Paso Doce es puesto en práctica de innumerables maneras entre nosotros, junto con los otros Pasos, Tradiciones y Conceptos de nuestro programa.

Mi Poder Superior me ha dado una vez más los instrumentos que necesito para mantenerme sobria y vivir tan cómodamente como puedo con dificultades que aún no tienen solución. De ser posible, mi sobriedad se ha tornado más profunda y más significativa para mí durante los últimos cuatro años, en parte debido a mis experiencias, que me han acercado mucho, día a día, a mi Poder Superior y me han enseñado mucho en lo que respecta a vivir en el momento presente, la aceptación, compasión y paciencia. Sin ninguna duda, mi vida ha mejorado por el compartimiento y el compañerismo que encuentro a través de mi computadora, las veinticuatro horas, siete días por semana.

Por favor, no tengan miedo de Alcohólicos Anónimos en línea. Como en cualquier tipo de reuniones, hay gente positiva y gente negativa, principiantes y veteranos, sabiduría para ser compartida y personas que se convertirán en amigos. Alcohólicos Anónimos goza de buena salud en Internet; como es habitual, todo depende de la percepción. Mirando a través de los lentes de una profunda gratitud, veo un nuevo medio que me ha dado la oportunidad de ser miembro activo y vital de esta gran familia de Alcohólicos Anónimos, una familia que me ha salvado la vida y continúa mejorándola día a día.

Kris M., Chino, California

Las lecciones
de la experiencia

¿Derrocharemos nuestra herencia?

Junio de 1978

Bill W. escribió al Dr. Bob en 1949: "Los grupos finalmente tomarán el mando y quizá derrocharán nuestra herencia cuando esté en sus manos. Sin embargo, es probable que no lo hagan. De todos modos, no hay duda de que han madurado; AA es de ellos; debemos entregársela."

Como miembro sobrio de AA por más de veintisiete años, noto algunas diferencias inquietantes entre lo que me enseñaron al comienzo y lo que ocurre ahora. ¿Qué ha ocurrido con el orgullo que nosotros los AA hemos sentido al decir: "Pertenecemos al Grupo de los Vagabundos?" ¿Y a nuestro sentimiento de que cada uno de nosotros participa en el propósito primordial del grupo: llevar el mensaje? Noto que hay grupos que tienen regularmente treinta personas en cada reunión, pero sólo cinco miembros activos. ¿Quién asume la responsabilidad de las tareas necesarias: puestos de servicio del grupo, apadrinamiento, preparación del café? ¿Está muriendo el grupo de AA a causa de la apatía individual?

La Declaración de Responsabilidad es básica para el pensamiento de AA: "Yo soy responsable. Cuando cualquiera, dondequiera extienda su mano pidiendo ayuda, quiero que la mano de AA esté siempre allí. Y por esto: yo soy responsable." Sin embargo las oficinas centrales parecen tener cada vez más dificultades en encontrar AAs sobrios para hacer las visitas de Paso Doce. Una de las primeras cosas que supe es que necesito del nuevo tanto como él necesita de mí, aunque algunos miembros consideran que están haciendo un favor a los nuevos al ponerse en contacto con ellos. ¿Estamos tratando de aferrarnos a la sobriedad *negándosela* a otros?

Me pregunto cuántos se pierden porque no tenemos tiempo —o no nos damos tiempo— para compartir o para ocuparnos. ¿Qué ocurre con el borracho que todavía sufre y que llama a AA y se le informa donde tiene lugar la reunión... y que vaya por su cuenta? ¿Qué ocurre con el nuevo que asiste a una reunión y no encuentra a nadie con quien hablar? ¿O que se le dice que llame por teléfono a otros miembros pero no se le dan nombres ni números telefónicos? Cuando me visitó un miembro de AA, me uní a un grupo y conseguí un padrino. El grupo me dio una lista de miembros, con direcciones y números telefónicos, para usar cuando los necesitara. Actualmente, parece haber poco seguimiento, poca preocupación, pocos llamados telefónicos.

¿Cuántos alcohólicos hemos perdido, simplemente porque nunca fueron de veras aceptados? ¿Los miembros sobrios siguen diciendo: "Hola ¿cómo andas? Llámame si estás perturbado, no importa la hora que fuere. Recuerda, te necesitamos"? Los alcohólicos lograrán quizá estar sobrios, pero no gracias a nosotros, sino a pesar de nosotros.

He hablado con varios miembros veteranos que comparten lo que siento. Recuerden que AA no se preservará automáticamente. ¿Qué estamos haciendo, cada uno de nosotros, con el regalo de la sobriedad, entregado tan libre y amorosamente? ¿Derrocharemos nuestra magnífica herencia?

Quizá cada uno de nosotros debería aferrarse a estos pensamientos: "Mantenme atento a las responsabilidades que acompañan los beneficios de la libertad. El único momento en que el error puede prevalecer es cuando la gente buena no hace nada."

G.G., *Phoenix, Arizona*

Ascenso y caída
de un grupo base

Octubre de 1987

Había una vez un grupo base de Alcohólicos Anónimos. Digo "había una vez" porque este grupo no existe más. Dejó de funcionar un buen día después de muchos, muchos años de haber prestado servicio a los alcohólicos en esta comunidad. ¿Por qué?

Me pareció un grupo de Alcohólicos Anónimos muy saludable. Se veía a muchos veteranos hablando con los nuevos, había compañeros que daban la bienvenida en la puerta, un secretario, un tesorero y un RSG que debatían sobre asuntos del grupo. Se les daba la bienvenida a los nuevos con una taza de café y un apretón de manos. El grupo rebosaba de personas felices. Una verdadera muchedumbre hacía que las mesas estuvieran llenas y que fuera difícil conseguir una silla. El último martes de cada mes el grupo se subdividía en pequeños grupos de discusión que se reunían en torno a una mesa. El resto de las reuniones semanales eran reuniones cerradas con un orador o de discusión y también en ellas era difícil conseguir asiento, por lo cual convenía llegar temprano. El café siempre estaba listo para el primero que llegara y había siempre camaradería después de la reunión. ¿Suena bien? ¿Es así tu grupo base?

En una reunión, después de una discusión de la conciencia de grupo, se le ofreció a una mujer asumir la responsabilidad de ser RSG. Obtuvo el cargo después de una discusión acerca de si ella sería la persona adecuada para el grupo. Empezó asistiendo a las asambleas de área y a los talleres de RSG para aprender acerca de las Tradiciones y de qué maneras éstas ayudaban a los grupos a ceñirse al propósito primordial. Aprendió sobre literatura aprobada por la Conferencia y por qué no debía ser mezclada con otro material de lectura no aprobado pues confundiría a la gente sobre cuál corresponde a AA y cuál no. También aprendió sobre el uso del dinero en la Comunidad, sobre el 60-30-10 y otros planes y sobre la sugerencia de no utilizar dinero de la canasta para adquirir literatura ajena al programa. Me resultaba estimulante observar cómo se informaba este grupo sobre temas que lo concernían como grupo integrante de AA.

Pero luego, poco a poco, las costumbres y prácticas del grupo empezaron a corroerse. En una reunión de negocios, la RSG señaló que la literatura que había adquirido el encargado de literatura del grupo no había sido aprobada por la Conferencia y que había sido adquirida con dinero destinado a AA. En esa reunión de negocios el encargado de literatura terminó arrojando las órdenes de compra de libros no aprobados y yéndose.

Luego, en otra reunión de negocios, hubo una discusión en torno a si un intérprete de sordos podía asistir a una reunión cerrada. La conciencia de grupo decidió que no era conveniente ya que era una reunión cerrada. Un veterano que estaba en desacuerdo llevó el asunto ante el público presente esa noche, fueran o no fueran miembros de ese grupo. El publicó votó a favor de revertir la decisión de la conciencia de grupo y por abrir la reunión a cualquiera que fuere. La conciencia de esa reunión debilitó la eficacia de la conciencia de grupo, y más personas abandonaron el grupo.

Ese grupo era tan numeroso que la iglesia aumentó el monto del alquiler. Pero no faltaba nunca dinero debido a la cantidad de asistentes a las reuniones. El grupo llegó a ser tan eficaz en llevar el mensaje que una asociación local de asesoramiento en materia de alcoholismo empezó a enviar a sus jóvenes nuevos a las reuniones de los martes a modo de introducción a AA. Esto llevó a que otros jóvenes se sumaran a las reuniones y finalmente llegaron a ser conocidas como un lugar muy apropiado para que los jóvenes se reunieran. Al cabo de un año de esta afluencia de jóvenes, un centro local para niños con problemas también empezó a enviar a algunos de sus clientes. Por entonces ya hubo veteranos que habían encontrado otras reuniones de los martes a las cuales asistir. Cuando les preguntaron cuál era la razón, respondieron: "No estamos oyendo el lenguaje de AA que necesitamos para mantenernos sobrios". Otros opinaron que los verdaderos motivos podrían ser las diferencias de edad, la ropa, el lenguaje de la calle y, sencillamente, que habían sido sobrepasados en número por los jóvenes.

Un principio poderoso en AA, la rotación —la transmisión a las personas con menos tiempo— era necesario para que el grupo creciera. Esta vez no hubo discusión de la conciencia de grupo sobre quién convendría para el grupo o sobre quién estaba sobrio, sino más bien cualquiera que se ofreciera como voluntario recibiría el cargo. Secretario, tesorero y RSG fueron cargos asignados a personas que ignoraban lo elemental sobre los principios de AA o sobre cómo poner en práctica las Tradiciones. Una noche el coordinador propuso las Tradiciones como tema de discusión y se habló en vez de sentimientos, drogas, nociones de psicoanálisis freudiano y lenguaje de centros de rehabilitación. El coordinador nunca regresó como tampoco lo hicieron los anteriores servidores del grupo. El grupo se había convertido en un grupo de ciegos que guiaban a otros ciegos.

La conciencia de grupo empezó a discutir algunos temas: ¿Cómo conseguir que regresaran los veteranos? ¿Cómo íbamos a pagar ese costoso alquiler? ¿Qué íbamos a hacer?

Se le pidió a un MCD local que asistiera a una reunión de la conciencia de grupo para escuchar y ofrecer sugerencias. Hablaron acerca de las Tradiciones, de los Pasos, de material de lectura ajeno a AA, de la forma de conseguir que personas sobrias coordinaran las reuniones, de apagar las radios y acerca de la calidad de la sobriedad que se logra cuando uno es activo en AA. Se envió una petición a los veteranos para que volvieran a las reuniones. Algunos lo hicieron, pero sólo por poco tiempo. Esos chicos parecían haber sido dejados a la deriva. Surgió una nueva conciencia de grupo que se esforzó por un tiempo y volvió a fracasar cuando se necesitaron voluntarios para llenar las frecuentes vacantes para hacerse cargo de las responsabilidades del grupo. Otra vez volvió a faltar el liderazgo entre los ahora "jóvenes veteranos", pues ellos también se fueron a otros grupos. Finalmente, como el alquiler era excesivo y no había ni café ni unidad, nuestro grupo base se reunió la semana pasada para anunciar su disolución.

Bill W. dijo que la fuerza que destruiría a Alcohólicos Anónimos actuaría lentamente desde el interior de la Comunidad. Este grupo duró entre catorce y diecisiete años. AA está conformado por grupos base, y como comunidad estamos viendo un colapso de esta estructura principal.

Si nosotros como Comunidad no logramos transmitir a nuevos miembros las responsabilidades inherentes a un grupo, a muchos otros grupos les ocurrirá lo mismo que al nuestro. Los veteranos deben permanecer en contacto para enseñar a los nuevos miembros "cómo funciona", no sólo en relación a los Doce Pasos sino a nuestros grupos. A veces los nuevos deben arrancarles las respuestas a los veteranos, y si estos últimos no asisten a las reuniones, repetiremos los errores cometidos en los inicios de la Comunidad.

Debemos aprender a mantener viva esta Comunidad e intactos a nuestros grupos para el próximo miembro que lo necesite. Al contribuir a asegurar la sobriedad de los que vendrán, aseguramos nuestra sobriedad presente. Ser el mejor miembro de Alcohólicos Anónimos significa ser el mejor miembro de un grupo base.

W. S., Rochester, New York

Manteniendo
viva la reunión

Julio de 1991

En una reciente reunión de nuestro grupo base en que se habló sobre la Primera Tradición, se sugirió que una de las maneras en que podríamos promover activamente el principio de la unidad consistiría en redactar una carta en la cual compartiéramos nuestras experiencias recientes con los lectores del Grapevine.

Hace aproximadamente tres años, dos personas se sentaron en una iglesia para asistir a una reunión cuya concurrencia se había reducido a ellas dos y a un ocasional tercero o cuarto. La reunión —a pesar de que había sido establecida varios años atrás y que había sido muy concurrida durante varios períodos— estaba agonizando. Ambas personas discutieron acerca de si debían abandonar la reunión. Hacía varios meses que no se pagaba el alquiler y la asistencia semanal no daba mucha esperanza de supervivencia.

Se llevó a cabo una reunión de conciencia de grupo entre esas dos personas; decidieron que iban a luchar para mantener viva la reunión, que se presentarían todas las semanas pasara lo que pasare y que (ya que tenían poco más que hacer) estudiarían el Libro Grande. El formato era simple: leer un par de párrafos, luego comentar lo que se había leído.

Sucedió algo extraño. Las pocas personas que se presentaron empezaron a volver a las reuniones, todas las semanas. El grupito empezó a aumentar lentamente y desarrolló una personalidad propia. Hubo muchas risas, una gran cordialidad y una sensación de unidad en nuestro propósito común de sobrevivir. Por debajo de la ligereza había una profunda seriedad cuando tocaba estudiar el Libro Grande y establecer contactos con los recién llegados.

La poderosa combinación de diversión y recuperación que provenía directamente del Libro Grande surtió efecto y después de unos pocos meses la asistencia llegó a ser de una docena. Después del primer año, el grupo había crecido hasta contar con más de veinte asistentes. Nos beneficiamos con montones de gente de varios centros de tratamiento, de modo que sobraron oportunidades para que los miembros experi-

61

mentados del grupo —que a estas alturas ya estaba bien establecido— se comunicaran con los nuevos, y pronto nos vimos todos muy ocupados apadrinando a otros en la práctica de los Pasos, y vimos cómo se iban entregando fichas de sesenta días, de seis meses y un año con una regularidad que nos emocionó hasta las lágrimas y nos hizo presenciar verdaderos milagros.

Después del primer año, casi habíamos logrado ponernos al día en el alquiler; después del segundo año, nosotros mismos subimos el alquiler y lo pagamos trimestralmente por adelantado. Nuestras contribuciones a la oficina central, al área y a servicios generales aumentaron y probablemente seguirán siendo sustanciales.

El grupo se convirtió en un imán para los entusiastas del Libro Grande y pronto sentimos la necesidad de agregar otra noche a nuestras reuniones semanales. Seis de los miembros más activos se reunieron durante un encuentro de AA para discutirlo y, después de conseguir un local, dimos comienzo a una nueva reunión, que también tomó su tema del Libro Grande. Se basa fundamentalmente en la Quinta Tradición. Con el rápido incremento de los miembros y el fuerte deseo de llevar el mensaje, también dimos comienzo a una reunión femenina y asimismo empezamos a auspiciar una reunión en un centro de recuperación.

Elegimos a nuestros servidores de acuerdo con las sugerencias del folleto "El Grupo de AA", y ellos asisten cumplidamente a sus respectivas reuniones e informan sobre las mismas al grupo. Nos llamamos Tradicionistas del Quinto y constantemente recordamos y nos recordamos unos a otros que la razón por la cual estamos aquí es ayudar a la persona recién llegada a encontrar lo que nosotros hemos descubierto a través de los Pasos: no para envanecernos ni hablar hasta el hartazgo sobre nuestras opiniones y sentimientos sino para dar a otros lo que nos dieron a nosotros.

Los coordinadores son rotativos, de modo que nadie influye en las reuniones durante demasiado tiempo. Los aniversarios son acontecimientos regulares y muy celebrados. Hay entre nosotros un gran sentido de nuestra responsabilidad y un sentimiento de satisfacción. Si pudiéramos recalcar algo por encima de todo es que cuando seguimos las directivas que el libro formula exactamente, el nuevo miembro se recuperó; cuando seguimos exactamente las Tradiciones, el grupo prosperó.

A algunos de nosotros nos llevó mucho tiempo descubrir estas sencillas verdades. Pero nuestra experiencia en AA es ahora tan reconfortante, positiva y tan llena de acción armoniosa, que esperamos no olvidarla jamás.

Kathryn K., Phoenix, Arizona

Esa vieja sensación de abatimiento

Marzo de 1990

Supongo que todos los alcohólicos están familiarizados con ello: esa repentina sensación de abatimiento en la boca del estómago, una sensación de aprensión, una voz interior que anuncia una catástrofe inminente.

Varias cosas pueden desencadenarla.

Una llamada telefónica en mitad de la noche.

Una carta de las autoridades impositivas.

Las luces rojas intermitentes de un patrullero que aparecen en tu espejo retrovisor.

Pero desde que volví a colocar el corcho en la botella, un instante de racionalidad reemplaza generalmente al miedo irreflexivo. Las llamadas telefónicas resultan ser números equivocados; la carta del IRS, un aviso rutinario; y el patrullero pasa a toda velocidad para ocuparse de otro asunto. Por lo demás, tengo pocas razones para tener miedo en estos días. Mis asuntos económicos, aunque no exitosos, son honrados. Si me detuvieran por haberme excedido una milla o dos en la velocidad, no tendría que preocuparme por mi aliento.

El otro día, sin embargo, sucedió algo fuera de lo habitual y esa vieja sensación de abatimiento volvió momentáneamente. He pensado en ello desde entonces.

Había llegado a una de mis reuniones habituales, a mediodía, y después de estacionar mi auto caminé a paso rápido hasta el costado de la iglesia donde se lleva a cabo. Ya me sentía mejor porque pensar en la taza de café con mis amigos de AA seguida de una hora de compartimiento es suficiente para mejorar el resto del día.

Puse mi mano sobre la perilla de la puerta y tiré hacia afuera. La puerta no cedió.

Estaba seguro de que se abría hacia fuera, pero como seguramente no estaba del todo lúcido, intenté empujar la puerta.

Nada. De modo que volví a tirar hacia fuera.

La puerta estaba cerrada con llave.

Sacudí la puerta, la golpeé, pero no apareció nadie y empecé a actuar con mis antiguos reflejos emocionales, desencadenados por el pánico.

¿Me había equivocado de día? ¿Andaba mal mi reloj? ¿Se había mudado el grupo? ¿Había alguna razón para que la reunión no se celebrara? ¿Sería que la iglesia necesitaba el salón? ¿Por qué no lo habían comunicado? ¿Por qué nadie ni siquiera había puesto un letrero en la puerta?

Entonces me di cuenta de que había algo en la puerta: el letrero familiar de AA indicando que habría una reunión ese día. Volví a mis cabales. Obviamente, la última persona que entró había echado llave a la puerta por error.

Di la vuelta hasta llegar a una de las ventanas del subsuelo. Vi que había gente dentro tomando café, charlando y riendo. Golpeé el vidrio y alguien miró hacia arriba y agitó una mano, preguntándose por qué estaba allí como un mirón. Cuando comprendieron la situación, dieron la vuelta y abrieron la puerta.

Todos, por supuesto, se rieron con ganas. Durante la reunión, algunas personas dijeron de buena fe que esperaban que el hecho de que no hubiera podido entrar no me hubiera causado un resentimiento.

Sin embargo, como ya dije, me quedé pensando sobre el particular.

¿Qué pasaría si las puertas de AA pudieran cerrarse para impedirme la entrada? ¿Qué ocurriría si fuera posible expulsarme como miembro? ¿Quizá por no haber pagado la cuota o por no cumplir con alguna norma ética o étnica, o quizá por "haber violado las reglas" yendo a algún bar a embriagarme, como hice algunas veces durante mi larga asociación con la Comunidad?

Pero entonces recordé el Preámbulo y la Tercera Tradición, esas palabras que oí tan a menudo sin haberlas escuchado de verdad, como ocurre con el Padre Nuestro o la promesa a la bandera.

"El único requisito para ser miembro de AA", se dice allí, "es el deseo de dejar la bebida".

Como cumplo ese requisito, las puertas de AA estarán siempre abiertas para mí. Nunca tendré que quedarme afuera mirando por la ventana del subsuelo las caras felices que están adentro.

Y gracias a Dios —y a Bob y a Bill y a todos los que hacen el café, abren el salón de reunión y cuelgan los letreros de AA en la puerta— por ello. Porque sin AA sé que el único antídoto alternativo para esos temores, imaginarios y reales, sería la anestesia que contiene la botella. Y eso es lo que, en primer lugar, me trajo de rodillas a AA.

Ed F., Park Ridge, New Jersey

Las cuatro sesiones de discusión del grupo de St. Paul

Diciembre de 1945

El plan actual de charlas destinado a miembros nuevos del grupo de St. Paul, con modificaciones en el transcurso del mismo, ha cumplido siete meses. En general, el plan abarca el programa de AA en la forma más clara, concisa y completa posible y comprende cuatro charlas de 45 minutos cada una. Se insta a los nuevos miembros a que asistan a todas las sesiones en el debido orden. En cada reunión, los tres objetivos de AA se recalcan ante el grupo:

1. Alcanzar y mantener la sobriedad.
2. Recuperarse de aquellas cosas que nos llevaron a beber.
3. Ayudar a otros que quieren lo que tenemos.

La asistencia a las charlas indica el hecho de haber logrado la sobriedad, de modo que se hace hincapié en un programa de recuperación. Se considera a cada uno de los Doce Pasos en relación con el lugar que ocupa en la totalidad del programa, más que por su valor en sí.

65

Se anima a los participantes a hacer preguntas al final de las charlas, y frecuentemente toman el mismo tiempo que la charla. También se aconseja a los miembros que llevan más tiempo que asistan a las discusiones y muchos lo hacen. Su colaboración en el período de preguntas es muy valiosa.

Charla Nº I — Las admisiones:

1. Admitir que se es alcohólico, como resultado de nuestras experiencias con el alcoholismo: lo que somos y cómo llegamos a eso.
2. Admitir que queremos hacer algo para modificar esa situación: el requisito para ser miembro de AA.
3. El convencimiento de que podemos obtener ayuda: algo que no se discute.

Se formula un breve esquema sobre la finalidad y el alcance de las discusiones. Se hace una breve historia de AA y una declaración de los motivos, métodos y alcance. Se incluye una breve consideración de lo que es un alcohólico y una declaración acerca del alcoholismo como una enfermedad junto con el progreso logrado en la opinión pública respecto de los alcohólicos y el alcoholismo. Se señalan los objetivos de los miembros de AA y se mencionan algunos de los medios para superar los peores momentos.

En último término, se entrega a cada miembro una pequeña tarjeta. En un lado de la misma hay una lista de actividades que se llevan a cabo en los salones del club cada noche de la semana. En la parte superior hay un recordatorio: "Hoy hice un trato por 24 horas"; en la parte inferior: "Tómalo con calma". En el reverso de la tarjeta hay un esquema del programa de recuperación, que también es un compendio de las charlas. También hay espacio para escribir los nombres y números telefónicos del padrino y del padrino sustituto. También se le entrega al nuevo miembro una hoja con información sobre el grupo de St. Paul y otras informaciones breves que puedan serle útiles.

Charla Nº II — Inventario y Restitución:

Los Pasos referidos al inventario son leídos y comentados en relación a lo que significa un inventario, cómo y cuando utilizarlo. Se hace hincapié en la sinceridad, escrupulosidad, claridad de pensamiento y en el cumplimiento cabal al practicar el Décimo Paso. La restitución es encarada de la misma manera y los Pasos pertinentes son tratados como medios para llegar a un fin. Se menciona el Quinto Paso como una ayuda suplementaria para el conocimiento de uno mismo y como una forma de hacer algo con respecto al análisis de nuestro carácter.

Charlas N° III y IV – Aspectos Espirituales del Programa:

Se leen los Pasos Segundo, Tercero, Quinto, Séptimo y Undécimo y se los comenta en relación a nuestros objetivos en cuanto al resto del programa. Se hace hincapié en la apertura mental, la tolerancia y la comprensión personal de que existe un poder superior como factores esenciales de progreso en esa parte del programa. "Tómalo con calma" es la consigna de esta discusión.

El Paso Doce sirve como base para hacer un resumen del programa de recuperación, como nuestro "seguro" en AA y como forma de vivir ateniéndose al comportamiento y la experiencia humana normales. Las tres partes del Paso Doce se tratan por separado.

1. Se habla de la experiencia espiritual como una conversión súbita a una nueva forma de vida o como el resultado más común de los efectos acumulativos de todas las experiencias referentes a la puesta en marcha del programa que conducen a un cambio en la personalidad. Se hace hincapié en la continuación de la experiencia espiritual.

2. Hacer visitas a posibles miembros es tan sólo uno de los elementos que se tienen en cuenta en el trabajo con otros. El engrandecimiento personal, el ahínco por reformar y el incremento de los miembros son considerados razones incorrectas para hacer visitas. Se señala que la sinceridad en el propósito de ayudar a los demás, la humildad en el conocimiento de nuestra propia capacidad de ayudar y la confianza en la comprensión de nuestra capacidad en AA son los estados mentales que probablemente nos ayuden a trabajar con otros.

3. Se considera la última parte del Paso Doce como una forma de vida que abarca nuestros motivos, nuestros métodos y nuestros logros en AA. Asegura la permanencia de la sobriedad, contribuye a que seamos felices en lo que hacemos y a conservar nuestra

paz interior al saber que progresamos en nuestro programa de recuperación mediante la ayuda de un "poder superior a nosotros mismos".

L. S. L., St. Paul, Minnesota

El plan de Little Rock presta mucha atención a los candidatos

Septiembre de 1947

A en el área metropolitana de Little Rock ha cumplido siete años el pasado mes de marzo y ha ayudado al establecimiento de la mayor parte de los grupos del estado. Más de quinientos hombres y mujeres se iniciaron en AA gracias al Plan de Acercamiento de Little Rock desde su creación hace siete años, cuando cinco hombres se reunieron y empezaron a hacer uso del libro *Alcohólicos Anónimos*, que acababa de ser publicado.

Es interesante señalar que de estos hombres, los fundadores locales del movimiento, todos están vivos y sólo uno de ellos tuvo una recaída. Están vivos y son una prueba verdadera de que el programa funciona.

El Plan de Little Rock fue, según creo, el primero de su clase en el país. Mediante su adhesión estricta al Plan cientos de personas se incorporaron a AA y como este grupo mantuvo registros y estadísticas exactos, podemos informar que nuestro éxito supera el promedio de 75 por ciento a escala nacional; en otras palabras, nuestro índice de "recaídas" es inferior al 25 por ciento esperado y registrado en otros grupos de todo el país.

No resulta fácil llegar a ser miembro de este grupo. Cuando alguien expresa el deseo de lograr la sobriedad y se le ha designado un padrino, debe dejar su trabajo o su empleo al menos por dos semanas. Por lo general se requiere que el candidato pase todo ese tiempo dentro del perímetro de los salones del club estudiando, preparando su "historia clínica" y aceptando y cumpliendo tareas propuestas por el padrino.

Si después de dos semanas ha cumplido satisfactoriamente sus tareas a juicio de su padrino, es llevado ante la comisión ejecutiva y allí, junto al candidato, su padrino presenta su propuesta para ser incorporado como miembro. Hay veces en que, debido a la peculiaridad del caso, el candidato puede no ser admitido durante períodos que pueden llegar hasta seis meses. Sin embargo, si es considerado apto por la comisión, se lo lleva a la reunión siguiente, recibe una cálida acogida y se le entrega un ejemplar del "Programa de Acercamiento" y los Doce Pasos.

Pero eso no es todo. No nos limitamos a decir: "Ya ves, has conseguido todo, puedes irte y que Dios te bendiga". No, no lo dejamos en el aire, por así decirlo. Le entregamos un pequeño diario y le pedimos que, de ahí en adelante, anote diariamente, durante veintiocho días, sus impresiones del día, cualquier acontecimiento, ya sea feliz o triste, y que escriba allí "Hoy no he bebido" y que lo firme con su nombre.

Al final de ese período devuelve el diario al club, se le vuelve a dar la bienvenida y es incorporado en calidad de miembro pleno, tiene derecho al voto y a una participación irrestricta en las actividades de la Comunidad. Luego es asignado a un equipo, se le da una tarea definitiva y, guiado por algún miembro de mayor antigüedad, se lo alienta a trabajar con nuevos candidatos.

Hay otros procedimientos para tratar con una persona nueva. En primer término, además de requerírsele que cumpla estrictamente las tareas que su padrino le indique, cumple su aprendizaje en lo que se conoce como "El Equipo de Candidatos". Aprende del jefe de un equipo a conocer diversas fases de la labor de AA, se mezcla con otros neófitos, escucha sus experiencias y aporta las suyas. Si requiere orientación o consejo es allí donde los consigue, junto con otros recién llegados que tratan de buscar una salida.

Está también el "Equipo de Recaídas", donde el miembro que ha tenido una recaída, por grave o leve que fuere, debe colaborar durante un período que oscila entre dos semanas y seis meses antes de volver a ser admitido como miembro pleno. Al que tuvo la recaída a menudo se le asignan tareas más duras y más fatigosas que las que le asignaron cuando fue admitido por primera vez. En este marco, habla libremente sobre la recaída con aquellos que, como él, han "perdido el rumbo" en algún punto del camino. Trata de averiguar por qué cometió el error y aprende nuevamente que "errar es humano" y que una recaída al comienzo no es rara y que por cierto no es fatal.

La comisión ejecutiva está integrada por representantes de cada equipo. Los equipos se reúnen a la noche, una vez por semana, sin superponerse con los días correspondientes a las reuniones regulares y tratan acerca de asuntos de AA.

Pasamos mucho tiempo planificando y trabajando en la "graduación" del nuevo miembro a partir del primer año. Lo acompañamos lenta y cuidadosamente a través del "Equipo de Candidatos"; lo admitimos como miembro; mantenemos contacto con él durante el período crítico, el primer mes aproximadamente, supervisando su diario; le asignamos un equipo después de haberse convertido en miembro pleno y luego, si tiene una recaída, lo hacemos repetir el proceso (más de una vez si fuera necesario) por medio del "Equipo de Recaídas".

Merecen nuestro agradecimiento el Hospital Estatal y Fort Roots, uno de los hospitales más grandes para veteranos de las guerras que hay en el sudoeste, donde contamos con la entera cooperación del equipo de médicos y psiquiatras. Sobre todo de Fort Roots llegan cada vez más candidatos que fueron informados por los psiquiatras que "no podemos hacer nada más por ti; lo mejor que puedes hacer es ir a AA. Da resultado." Los tribunales de justicia de Arkansas, en general, y los de Little Rock, en particular, sin excepción escuchan y ayudan a los desdichados que prestan declaración ante un tribunal y que dicen o simplemente insinúan que les gustaría dejar de beber. Si bien hemos avanzado mucho, no es poco el reconocimiento que debemos a todos esos factores así como a la actitud de los hombres de negocios de esta ciudad.

G. H. B., *Little Rock, Arkansas*

El tema es cambiar

Febrero de 2001

Mi grupo base es Lambda AA, aquí en Beaumont, Texas. En 1984, los fundadores de nuestro grupo eligieron la undécima letra del alfabeto griego porque es el símbolo de la libertad para los gays y lesbianas. Sin embargo, si bien la mayoría de nuestros miembros son gays y lesbianas, aceptamos a todos. El único requisito para ser miembro es el deseo de dejar de beber.

Algunos de nuestros miembros llevan años de sobriedad, mientras que otros son muy nuevos. Pero de conformidad con el principio de "Un día a la vez", nos complace señalar que quien primero se levantó de la cama ese día es el que tiene el mayor grado de sobriedad.

A lo largo de los años, hemos tenido muchas reuniones memorables. Tres se destacan en mi recuerdo. Cuando yo era nuevo en el programa, un joven que estaba en las últimas fases del SIDA celebró su primer aniversario de sobriedad. Se refirió a su lucha por dejar el alcohol y las drogas y a los muchos beneficios que Dios le concedió. Su gratitud era manifiesta, a pesar de los estragos de su enfermedad. AA le había dado algo más que sobriedad; le había dado aceptación. Le había dado serenidad. Fue un privilegio estar allí esa noche.

Varios años atrás, otro miembro sufrió graves trastornos de salud. Cuando salió del hospital, no podía dejar su apartamento, de modo que hicimos la reunión en su casa. Nos apretujamos en su sala de estar. Estaba apoyada sobre almohadones en un sofá, muy débil. Cuando la persona que coordinaba la reunión preguntó si alguien proponía un tema en particular, ella habló desde su rincón y propuso "la gratitud". Fue una reunión maravillosa y me dio una perspectiva que realmente necesitaba. Seguimos convergiendo en el departamento de ella para celebrar una reunión semanal aproximadamente, y al cabo de unos meses, festejamos con ella su trigésimo quinto aniversario en AA. Mientras ella hablaba esa noche, me di cuenta de que había estado trabajando el programa durante toda su enfermedad. Eso requería coraje, pero también un buen programa. Imagínense nuestra alegría cuando se recuperó por un tiempo y pudo asistir a nuestras reuniones.

También recuerdo la reunión del décimo aniversario de nuestro grupo, el cumpleaños de Lambda. Pudimos alquilar un salón grande perteneciente a una asociación local de beneficencia y a la municipalidad, y treinta y cuatro gays y lesbianas vinieron a una gran cena y una reunión a media luz. Había entre los presentes varios miembros fundadores de nuestro grupo, sobrios todavía después de muchos años.

Sin embargo, en los dos últimos años, nos hemos visto ante un serio inconveniente: la asistencia menguante. Era un inconveniente para nosotros porque nuestro grupo es pequeño. Organizamos varias reuniones de conciencia de grupo para tratar este asunto. Echamos mano a los estudios del Libro Grande, estudios del "Doce y Doce", videos y reuniones con oradores. No sirvió de nada.

Mientras hacíamos el inventario del grupo, gradualmente nos dimos cuenta de que teníamos dos salidas: primero, teníamos que cambiar el lugar de nuestras reuniones; y segundo, cada uno de nosotros tenía que esforzarse más por ir al encuentro de los que padecían de alcoholismo.

El cambio o alguna versión del mismo se convirtieron en el tema recurrente de nuestras reuniones. Todos llegamos a darnos cuenta de que el cambio era saludable y necesario, aunque debo reconocer que mientras tanto me comporté como el alcohólico que yo era, que soy y que seguiré siendo. Hasta que la situación no llegó a un estado alarmante, no estuve dispuesto a considerar ningún cambio. Cuando bebía era igual: no iba a cambiar aunque fuera evidente para todos salvo para mí que ya era hora de realizar cambios importantes.

Finalmente, todos cedimos y dejamos que Dios actuara. Anoche tuvimos nuestra primera reunión en nuestro hermoso local nuevo. Dos miembros de nuestro grupo festejaron su aniversario y dieciséis de los nuestros estaban presentes. En nuestro caso, dieciséis es una muchedumbre.

Nuestro antiguo lugar de reunión, que yo tanto quería, era sólo parte del problema. Nosotros constituíamos el resto. Sólo puedo hablar a título personal, pero había dejado de asistir a otras reuniones y sólo iba a Lambda. Había dejado casi por completo de tratar de llegar a los nuevos y otras personas en el programa. Mi autosuficiencia era enorme. El hecho de que durante todo ese tiempo yo creyera que estaba cumpliendo correctamente el programa es una verdadera evidencia de la naturaleza astuta, desconcertante y poderosa del alcoholismo. Asistir a unas cuantas reuniones de otros grupos me bastó para entender lo peligrosa que era mi autosuficiencia para mi sobriedad. Estoy agradecido de que Dios me recordara sutilmente el Paso Doce.

Mientras escribo, no sé si Lambda AA habrá de sobrevivir. Está en las manos de Dios, no en las mías. Cumpliré mi parte asistiendo a las reuniones de Lambda y a otras, apadrinando, dando mi número telefónico a los nuevos, yendo a tomar café con los demás en vez de regresar precipitadamente a mi casa para ver televisión... En suma, para variar voy a tratar de trabajar los Doce Pasos.

Bob B., Beaumont, Texas

Volviendo
a encender el fuego

Agosto de 1992

Recientemente, durante un inventario en mi grupo base, alguien preguntó: "¿Adónde fueron a parar todos los veteranos?" Después que se propusieron varias posibilidades, alguien sugirió que organizáramos una reunión de veteranos en lugar de las que hacemos los domingos a la noche. Todos pensamos que era una excelente idea, y cada uno se comprometió personalmente a invitar a uno o dos veteranos a esa reunión. Elegimos el domingo subsiguiente.

El tiempo pasó sin ninguna novedad mientras enviamos nuestras invitaciones. Pensamos que si atraíamos entre seis y ocho veteranos habríamos logrado bastante.

Finalmente llegó el día de la reunión. Entré a la playa de estacionamiento de la iglesia donde nos reunimos, y no encontré un espacio libre. Pensé primeramente que habría alguna actividad de la iglesia al mismo tiempo. Luego empecé a reconocer muchas viejas caras que había aprendido a amar en años pasados. Sentí el vértigo de un escolar que parte a un campamento de verano y la anticipación y entusiasmo de recuperar "los viejos tiempos".

Fue evidente para mí que, ese día, el Dios según lo concebimos había obrado otra vez más uno de sus muchos milagros. La noticia de nuestra reunión se había difundido tanto que la gran concurrencia nos obligó a trasladarnos a un salón más grande para acomodar a todos.

Otros miembros de mi grupo base parecían estar en un estado donde se mezclaban una profunda emoción y el temor. Nuestro típico saludo mientras tratábamos de satisfacer la demanda de café era "¡No puedo creerlo!"

La reunión siguió su curso, pude oír los mensajes de antaño y disfrutarlos: unidad de propósito, un alcohólico ayudando a otro alcohólico, el grupo base, las experiencias en la práctica de los Pasos, su propia introducción a las labores de servicio. Ah, y esos maravillosos relatos sobre cómo eran las cosas.

No llevó mucho tiempo ser intensamente consciente de que algo significativamente espiritual estaba sucediendo en el salón de la parroquia. Vi en los ojos de los veteranos un fulgor que parecía estar faltando desde hacía mucho tiempo. Un sentido y un entusiasmo nuevos aparecían en sus mensajes. Los vínculos, que en algunos casos habían estado inactivos durante más de 40 años, volvían a reavivarse. Lo más alentador fue el respeto y la dignidad recíprocos que sintió esa comunidad de alcohólicos en aquel salón, y que trajeron a la memoria las historias personales incluidas en nuestro amado Libro Grande

Al cabo de dos horas habíamos llegado sólo a 19 años de sobriedad, y muchos no habían hablado todavía. De modo que consultamos la conciencia del grupo: nos pusimos todos de acuerdo en que algo maravilloso estaba sucediendo y que proseguiríamos con las reuniones de veteranos trimestralmente, para seguir donde habíamos dejado.

Cuando estábamos llegando al final de la reunión, la hoja de registro de veteranos fue tabulada y pudimos anunciar que al haberse registrado setenta y cinco AAs, habíamos disfrutado de la experiencia, fortaleza y esperanza de más de 744 años de sobriedad continua. Fue una reunión que seguramente será recordada y comentada durante mucho tiempo.

Mi grupo base no es el único en preguntar adónde fueron a parar los veteranos. El lema de la Conferencia de Servicios Generales para 1992 es "El mensaje de AA en un mundo cambiante". La segunda pregunta del cuestionario correspondiente al taller de la conferencia es "¿Por qué tantos veteranos abandonan AA?"

La experiencia que nuestro grupo base querría transmitir es ésta: en vez de discutir acerca del motivo por el cual tantos veteranos abandonan AA, probablemente sería más provechoso asumir una mayor responsabilidad, comunicándoles a los veteranos cuánto se los quiere y se los necesita en AA; y creando y manteniendo entornos y reuniones que resulten atractivos para su recuperación.

Anónimo, Vancouver, Washington

Un arreglo
satisfactorio

Mayo de 1988

S oy un alcohólico, y me gustaría compartir con ustedes la experiencia de mi grupo al tratar con algunas de las oportunidades que tuvimos con respecto a algunos amigos no pertenecientes a AA y las soluciones alcanzadas a través de una conciencia de grupo informada. (Este artículo fue leído al grupo y es la versión "aprobada" de la conciencia de grupo informada.)

Debido a la ubicación de nuestro grupo (cerca del centro de una ciudad importante) nuestra experiencia concierne principalmente a dos grupos de amigos no pertenecientes a AA: (1) gente enviada por el tribunal de justicia y (2) autobuses llenos de gente proveniente de centros de tratamiento o de residencias para alcohólicos y adictos. Algunas personas de cada uno de estos grupos son obviamente (para nosotros "los expertos") alcohólicas, pero muchas no lo saben o no lo creen... todavía.

Éstas son algunas de las maneras como lidiamos con las personas que traen formularios o tarjetas de asistencia emitidos por los tribunales o por funcionarios que administran los programas de libertad condicional:

Todos los formularios de asistencia son entregados al coordinador antes de comenzar la reunión. Esto se anuncia antes de la lectura del Preámbulo o "Cómo funciona". Ésta es nuestra forma de cooperar con los tribunales, en el sentido de que una reunión no es tan sólo los últimos diez minutos de la hora.

Los formularios son devueltos al finalizar la reunión y son firmados por el coordinador de la misma.

No se firman los formularios de los que están ebrios o causan problemas.

Las personas enviadas por los tribunales son invitadas a asistir a todas las reuniones abiertas (un horario figura en el tablero y también

75

es anunciado al comenzar la reunión) y a nuestras reuniones cerradas si consideran que tienen un problema con el alcohol (estas reuniones también figuran en el tablero y se incluyen en el anuncio).

Los centros de tratamiento y las residencias para alcohólicos y adictos presentan una oportunidad diferente. Muchos de los pacientes tienen problemas tanto con el alcohol como con otras drogas. Sin embargo, y hemos descubierto que esto es verdad en el caso de los jóvenes, muchos sólo pueden identificarse con su problema "de droga" o su "adicción". Tuvimos montones de esas personas enviadas por los centros de rehabilitación para alcohólicos (soy un egresado de uno de esos centros y feliz de haber estado allí en 1973 y de que me pusieran en contacto con AA) a nuestras reuniones cerradas, donde negaban su alcoholismo y procedían a referirse a sus problemas con las drogas. Esto resultaba muy desconcertante para aquellos de nosotros que estamos allí para crecer en sobriedad y seguir las Tradiciones Tercera y Quinta. La solución de nuestro grupo consistió en pedir a uno de nuestros miembros que se contactara con las agencias externas de la siguiente manera:

Una llamada cálida y afectuosa al centro declarando que la política de nuestra conciencia de grupo designó que las reuniones cerradas son para personas con problemas de alcohol y de otra índole en la medida en que uno de ellos sea el alcohol. Explicó que a aquellos de sus clientes que carezcan de problemas relacionados con el alcohol se les pediría que abandonen las reuniones cerradas.

Al comienzo de cada reunión cerrada, la persona que la coordina se presenta como "un alcohólico" o "una alcohólica" y pide que si hay otros alcohólicos presentes que alcen la mano. La persona que coordina pregunta a los que no alzaron la mano si están allí porque consideran que son impotentes ante el alcohol. Si la respuesta es negativa (muchos candidatos de Al-Anon entraban en el salón "equivocado" y sentían alivio cuando les indicaban su lugar de reunión), se les pide que vuelvan a nuestras reuniones abiertas y se les entrega el horario de las mismas. A la fecha, a nadie se le pidió que lo hiciera. Una reunión de la conciencia de grupo votó a favor de que no se aplicaran medidas para "expulsar" a una persona, pero el coordinador de la reunión con seguridad no llamará a esa persona para que comparta experiencia, fortaleza y esperanza.

No hemos tenido problemas con otros programas, ya que alentamos a cualquiera que sufra otros problemas a que asista a nuestras reuniones abiertas, o que en una reunión cerrada limite su compartimiento a la discusión sobre su problema relacionado con el alcohol.

Ésta ha sido la experiencia de nuestro grupo.

Anónimo, Dallas, Texas

Mi grupo ideal

Noviembre de 1962

Uno de los excelentes grupos viejos de mi área ha convocado a una reunión de discusión cuyo tema es "Mi idea acerca del grupo de AA ideal". Éste es un grupo al que rara vez puedo asistir, pero este difícil tema me ha llevado a reflexionar mucho. Como no puedo ir a esa reunión en particular voy a anotar los pensamientos que se me ocurren en torno a ese tema, al menos para mi propio beneficio.

Éstas son mis ideas sobre cómo debería ser el grupo ideal:

Debería tener mucho de Jorge. Ustedes lo conocen a Jorge. Es el compañero al que nosotros "dejamos hacer". Él entra silenciosamente y hace sus tareas sin que se lo pidan. ¿Quién quiere venir temprano todas las semanas para colocar las sillas y preparar otras cosas, tener listo el café para aquellos que quieran tomar una taza antes de la reunión y hacer muchas otras pequeñas tareas? ¿Quién quiere estar disponible todas las semanas para pasar el trapo, apagar las luces y echar llave a la puerta? Jorge lo hace. Es alegre, empeñoso y amigable. Probablemente sea el único que ha hablado con cada uno de nosotros en el salón antes de que se levante la reunión. ¿Y se lo aprecia? Cuando hablamos con frases altisonantes sobre la manera de desarrollar el arte de dar sin esperar ser recompensados, ¿por qué no nos abstenemos de hablar y simplemente señalamos con el dedo índice a Jorge? ¿Saben una cosa? No van a encontrar un tipo más feliz.

Debería haber una buena pizca de veteranos dedicados; son ellos los mejores símbolos que tenemos de lo que nos gusta llamar "AA bueno y sólido". Son la prueba viviente para todos nosotros de que esto realmente funciona. Su sola presencia nos sirve de inspiración a todos. Ellos también necesitan nuestra ayuda, no lo olvidemos. Saben mejor que nosotros que esta enfermedad nuestra es crónica e incurable. Por eso están con nosotros. ¿Se lo agradecemos de la manera apropiada?

Debería haber una pizca de trabajadores de alta calidad dedicados al Paso Doce, porque gracias a ellos tenemos un pequeño flujo constante de personas nuevas. ¿Por qué trabajan tanto en apadrinamiento? ¿Sólo porque están siempre dispuestos, deseosos y son capaces? ¡No! Es porque aprendieron que nosotros recibimos ayuda cuando ayudamos a los demás, en proporción directa a la calidad y a la eficacia de la ayuda que brindamos. De modo que, cuando la gente empieza a pensar "¿Quién sería la persona indicada en esta situación?", se trata de uno de ellos.

Debería haber un aporte constante de esa preciosa fuente de principiantes. ¿Qué haríamos sin ellos? ¿Dónde estaríamos sin el Paso Doce? En ellos comprobamos el lento pero seguro milagro que tiene lugar ante nuestros ojos. A medida que vemos cómo crecen y los ayudamos, empezamos literalmente al pie de la escalera y cada vez que volvemos a subir esos escalones nuestro paso es un poco más seguro, nuestro entendimiento un poco más profundo y nuestra entrega un poco más completa. Sólo de ese modo podemos progresar.

Debería haber una generosa provisión de excelentes historias de personas con variados períodos de sobriedad, diversas experiencias alcohólicas, bebedores empedernidos de fondo alto, mediano y bajo, y otras características distintivas; nuestras historias, con el sincero testimonio de nuestros miembros, representan el broche de oro de nuestro magnífico programa.

Debería haber una buena cantidad de pensadores serios y profundos dedicados a nuestro programa. Son ellos quienes hacen los comentarios que representan la capa superior de nuestro magnífico pastel. Nos inducen a pensar y meditar y tratan de ampliar nuestro entendimiento. Ésta es una prioridad si nos proponemos progresar. La lucha continua por la verdad y la comprensión no nos da todas las respuestas pero significa un progreso hacia otras dos metas que están a nuestro alcance. Una de ellas es el conocimiento de nuestro verdadero yo y, por lo tanto, cierto grado de humildad. La otra es que, cuando alcanzamos el máximo de nuestro entendimiento, sabemos lo mucho que nunca llegaremos a entender. A partir de ahí, nuestra fe y nuestra entrega empezarán a prevalecer. Pero necesitamos de esas personas reflexivas porque son un recordatorio de que no debemos dejar de pensar.

Debería haber un ambiente en el grupo que se acercara a la perfección en lo que se refiere a tolerancia, amabilidad y comprensión. El tipo de ambiente en el cual el alcohólico sobrio se siente completamente feliz y a sus anchas. El tipo de ambiente en el cual cada uno se dice una y otra vez, quizá subconscientemente, "es aquí donde pertenezco".

Éstos son sólo unos pocos de los atributos que considero indispensables para el grupo ideal. Y se me ocurre que allí yo no encajaría de ningún modo. Todas esas personas habrían avanzado más que yo en el camino de la sobriedad. Podría llegar a pensar que yo soy tan bueno como ellos. No lo podría soportar. ¿A quién podría ayudar, en ese caso? ¿Cómo podría estar sobrio sin ayudar a otros?

También descubrí, en lo que respecta a los testimonios, que los que han perdido el rumbo me ayudan. ¿Y qué ocurre con los que causan alborotos? ¿Acaso podría haber un grupo de AA sin alguno de ellos de vez en cuando? ¿Podría un grupo de AA parecerse a un hogar si no tuviera ocasionalmente algún desastre que solucionar? No lo sé. Estoy confundido.

C. R., Ashland, Ohio

Una luz al final
del túnel

Octubre de 1995

Nuestro grupo se reúne tres veces por semana en una clínica de tratamiento local. La más antigua de las reuniones ha cumplido treinta y tres años de existencia; empezó con la bien definida meta de ser la mano de AA que se extiende a los alcohólicos internados en el centro de tratamiento. Sólidamente afirmadas en los principios de AA, las reuniones crecieron en número y tamaño. Miles de hombres y mujeres lograron la sobriedad en esas reuniones.

Sin embargo, con los años, a medida que la dinámica del tratamiento cambió y la cantidad y el tipo de alcohólicos que recibían tratamiento cambiaron, lo mismo sucedió con nuestras reuniones. Los nuevos querían que el contenido de las reuniones se ajustara a sus necesidades individuales y no a las del grupo. Lamento decir que yo era uno de los más vocingleros y persuasivos de esos jóvenes sabelotodos. Cuatro años atrás, como nosotros los nuevos superábamos con creces a los veteranos, y expresamos nuestro desagrado, los veteranos dijeron: "Adelante. Apliquen sus nuevas ideas. Veremos cuánto dura el grupo."

Por supuesto, nosotros los nuevos estábamos seguros de que nuestras ideas eran mejores. Hicimos que todas nuestras reuniones fueran abiertas. Empezamos a atraer a toda clase de personas que tenían problemas diferentes al alcohol; a menudo el alcohol no figuraba en nuestras reuniones. Paulatinamente, los veteranos dejaron de venir a nuestras reuniones. Y como eran pocos los coordinadores de reuniones que contaran con padrinos o que estudiaran el Libro Grande (si es que había alguno), las reuniones se convirtieron en sesiones de quejas y de asesoramiento en lugar de ser reuniones de AA.

Finalmente, la cantidad de asistentes se redujo a unos pocos por semana. No se podían encontrar coordinadores para las reuniones o éstos faltaban. La asistencia de miembros de otros grupos era irregular. Y el dinero que recolectamos rara vez llegaba al tesorero (un veterano que no podía soportar lo que le había sucedido a su grupo otrora tan floreciente). Yo mismo estaba inquieto por la falta de calidad de AA en esas reuniones, pero sin embargo no lograba darme cuenta qué era lo que había fallado. Empecé a asistir a sólo una de las tres reuniones. (Ésta llegó a ser la única a la que yo asistía semanalmente; les diré que mi estilo de AA no incluía la búsqueda de un padrino. Pensaba que podía estudiar los Doce Pasos por mi cuenta. Y después de casi cuatro años yo seguía en el Tercer Paso y no podía entender por qué era tan desdichado.) El centro de tratamiento estaba considerando seriamente la expulsión de nuestro grupo; en verdad no estábamos cumpliendo nuestra misión y, en resumidas cuentas, era probable que hiciéramos más daño que bien. La predicción de los veteranos parecía estar cumpliéndose.

A Dios gracias, diciembre pasado fue el momento decisivo para nuestro grupo, Rayo de Esperanza. Dos hombres, uno de ellos con poquísimo tiempo en nuestro programa, el otro con una saludable sobriedad de cinco años, se comprometieron a ayudar al grupo. Tomamos la decisión de que si en seis meses no lográbamos darle un nuevo giro a Rayo de Esperanza, disolveríamos el grupo. Nuestra reunión de los lunes a la noche se convirtió en una reunión cerrada para estudiar los Pasos, basándose en el "Doce y Doce". La reunión abierta con orador de los miércoles a la noche empezó a atraer a buenos oradores con una sobriedad basada en los principios básicos de Alcohólicos Anónimos. Y la reunión cerrada de los viernes se atuvo a los temas del Libro Grande. Fuimos a la reunión del intergrupo local y reconocimos los errores que nuestro grupo había cometido, prometiendo atenernos a los principios básicos si la gente pidiera a los miembros de su grupo que nos diera su apoyo asistiendo a algunas de nuestras reuniones. Se distribuyeron volantes. Se consiguió gente para ocupar los puestos de servicio. Y empezó a ocurrir un milagro.

Nuestro grupo está reaccionando. Ha aumentado la cantidad de asistentes y varias personas han hecho de Rayo de Esperanza su grupo base. Nos mantenemos con nuestras propias contribuciones. Hemos adquirido fama de ser un grupo vital y eficaz. Y el centro de tratamiento considera ahora nuestras reuniones como una parte crucial de la recuperación de sus pacientes.

Lo que nos lleva a nuestras suscripciones del Grapevine. Todos los servidores de confianza del grupo leen regularmente el Grapevine; consideramos que es una parte esencial de nuestra recuperación. Y como muchos de los miembros de nuestro grupo han logrado recientemente su sobriedad, queremos darles la oportunidad de descubrir la reunión impresa de AA. Todos los meses tendremos dos números del Grapevine disponibles al precio de un dólar cada uno. Una de nuestras reuniones de discusión de los viernes estará dedicada al número del Grapevine correspondiente a ese mes. Y estaremos promoviendo las suscripciones.

Una breve información de tipo personal. Después de que aquellos dos hombres ayudaran a que Rayo de Esperanza diera un giro decisivo, empezaron a trabajar en mi caso. Ahora cuento con un maravilloso padrino y me afano por trabajar los Doce Pasos. A Dios gracias por este programa y por los milagros que inspira.

Stephanie J., Fort Wayne, Indiana

Aplicando
las Tradiciones

¡Psst! ¡Hola, compañero!

Octubre de 1985

Nadie quiere hablar de las Tradiciones. "¡No queremos saber nada de toda esa cuestión política! Hablemos del programa de recuperación."

¿En serio?

¿De qué hablamos cuando llevamos a un nuevo a una reunión? ¡Tengo la seguridad que no hablamos del programa de recuperación! ¿Pueden imaginarse a un nuevo que está sentado, temblando, temeroso, en el asiento delantero del automóvil que lo lleva a su primera reunión?

El padrino de AA anuncia: "Te vamos a ayudar a recuperarte de tu alcoholismo mediante el programa de los Doce Pasos. Primero, reconocerás que eres impotente. Luego te someterás a Dios, harás un inventario moral y confesarás tus errores."

El nuevo busca a tientas la manija de la puerta. "¿Someterme a Dios? ¿Confesar mis errores? ¿Son ustedes unos locos de tipo religioso? ¡Quiero salir de aquí!"

No, el padrino de AA habla con serenidad de cosas como el anonimato, el hecho de que no hay cuotas que pagar, de que no hay jefes en AA, tampoco hay afiliación con grupos externos ni hay requisitos para ser miembro de AA excepto el deseo de dejar de beber; todo ello para que el recién llegado se sienta cómodo y protegido. Hablamos de Tradiciones a nuestra gente en AA mucho antes de que toquemos los temas delicados que contienen los Pasos.

Pensamos que AA estará siempre a nuestra disposición, pero no tenemos nada que lo pruebe: no hay edificios, torres ni monumentos de AA. Nuestra permanencia no es mayor que la del contrato de alquiler de nuestra oficina ni la reserva prudente de un año en nuestra tesorería. Nuestros grupos son inquilinos mensuales de iglesias y lugares de reunión. Los clubes no están afiliados con AA; tan sólo alquilan lugares de reunión. Los grupos no están bien organizados, carecen de estatutos ni cartas constitutivas. Los servidores son elegidos por períodos que oscilan entre seis meses y dos años y renuncian cuando ellos quieren. Los formatos de las reuniones son flexibles y carecen de estructura en su mayor parte. AA no cuenta con una fuerza policial que obligue a sus miembros a acatar reglas ni ordenanzas.

AA tiene una estructura de servicio, pero es una pirámide invertida; los que están a cargo son los grupos, por encima de la junta de custodios. Con grupos tan libremente estructurados, uno siente la tentación de hacer una comparación con la fuerza de una cadena. Si AA fuera tan fuerte como su grupo más débil ¿hasta qué punto, entonces, está preparado para sobrevivir?

¿Qué fue de la Sociedad Washingtoniana? En los días previos a la Guerra Civil, aseguraban tener medio millón de miembros que ayudaron a otros borrachos a volverse sobrios. Abraham Lincoln les dirigió un discurso que nosotros hoy atesoramos en AA. El grupo Oxford, que hizo que Ebby T. lograra la sobriedad y pudiera llevarle un mensaje a nuestro cofundador Bill W., desapareció. El Buchmanismo, llamado así por Frank Buchman, que dio comienzo al grupo Oxford, se convirtió en "Rearme Moral"; ambos desaparecieron. ¿Quién podría asegurar que AA no tendrá un obituario similar en algún artículo sobre tratamiento del alcoholismo del año 2085 DC?

Algunos grupos organizan reuniones acerca de las Tradiciones. Los formatos varían. Sabemos de dos grupos que leen y comentan una Tradición cada mes. Otro grupo lee el folleto de AA "Las Doce Tradiciones ilustradas" y las comenta durante las reuniones de noviembre, el mes de las Tradiciones. Otro grupo pone en escena una obra teatral basada en las Tradiciones (hay ejemplares de la misma en la Oficina de Servicios Generales de AA), que echa una mirada muy graciosa a las consecuencias que tiene el hecho de romper las tradiciones y da lugar a debates y una mayor comprensión por parte de los miembros.

Un miembro veterano del grupo resumió todo ello diciendo lo siguiente: "Ya saben que he votado en contra de las reuniones de Tradiciones. Y me negué a hacer comentarios durante el debate. Pero debo reconocer que ahora que estudiamos las Tradiciones, las estoy empezando a disfrutar."

Es muy simple.

Miembros informados de AA les dirán que si los grupos siguen las Tradiciones, AA sobrevivirá y crecerá y, durante muchos años, continuará transmitiendo el mensaje al alcohólico que aún está sufriendo.

N. A., Wenonah, New Jersey

La fuerza que ganamos

Enero de 1992

Todos los miembros de nuestro grupo coinciden en que nuestra reunión de los viernes a la noche dedicada al estudio del Libro Grande es nuestra tabla de salvación. Una enorme reunión como las de antes, dedicada al Libro Grande, ofrece un mensaje claro y potente sobre la recuperación a través de los Pasos de Alcohólicos Anónimos. Tanto los recién llegados como los veteranos vienen una vez y terminan quedándose. El año pasado hemos llegado casi a duplicar la cantidad de asistentes. Nuestra fuerza se basa en que tenemos un propósito único. Nos apoyamos enteramente en el Libro Grande. Nos concentramos exclusivamente en el libro y encaramos los problemas personales durante el receso.

Pero súbitamente esta pujante reunión sufrió la amenaza de ser disuelta debido a una cuestión externa. La nuestra era una reunión de fumadores, razón por la cual se dividía en un sector para fumadores y otro para no fumadores. Teníamos un ventilador, pero en invierno teníamos que cerrar las puertas. Finalmente resultó intolerable y los no fumadores tuvieron que tomar una decisión: o se abstenían de fumar o empezábamos otra reunión. Me sentí particularmente afectada porque fueron mis alergias las que iniciaron la pelea.

Hubo arranques de ira durante dos semanas. Cada facción apenas hablaba con la contraria. Se hicieron muchas llamadas telefónicas. Hubo airadas conversaciones y maliciosas acusaciones contra la reputación de algunos miembros. Pero también se dijeron muchas plegarias en pro de la unidad de la reunión.

Llegó la noche de la reunión de nuestra conciencia de grupo. Estábamos sentados alrededor de las mesas lanzándonos miradas furibundas. La coordinadora de la reunión —recientemente elegida— estaba aterrada. Pensó que no podría poner orden en el grupo. Comenzó con un pasaje de la página 280 de AA *llega a la mayoría de edad*, que se refiere al sacrificio personal:

"Cuando el primer grupo de AA tomó forma, aprendimos rápidamente una gran cantidad de hechos. Encontramos que cada uno de nosotros tenía que hacer sacrificios por el grupo, sacrificios por el bienestar común. El grupo, por su parte, encontró que debía declinar muchos de sus derechos para garantizar la protección y el bienestar de cada miembro, y de AA como un todo. Estos sacrificios tenían que hacerse o de lo contrario AA dejaría de existir."

Ella también tuvo la presencia de ánimo para iniciar la discusión no con el tema de los fumadores, sino con el inventario del grupo tomado del "Manual del Grupo".

Mientras leíamos las preguntas de cabo a rabo, las respuestas tardaron en venir y las voces de los que respondían eran tensas y duras. Sí, nos estábamos esforzando por transmitir el mensaje. Sí, teníamos una muestra representativa. Podíamos hacer un esfuerzo suplementario en lo concerniente a la información pública, pero éramos muy eficaces, mejores que la mayoría de los grupos de nuestra área, en hacer sentir a los nuevos que eran bien recibidos.

Súbitamente la tensión cedió. Empezamos a reírnos y a hacernos bromas como solíamos hacerlo. En un instante —aparentemente al mismo tiempo— se nos ocurrió a todos la misma idea. Ésta es la mejor reunión del mundo. El afecto que sentíamos los unos por los otros se desbordó. Concluimos el inventario con una sensación de euforia.

Pero nos faltaba discutir el tema de los fumadores. Empezó la discusión y los fumadores aún no querían renunciar a su "placer". Pero algunos de los más vehementes opositores cambiaron de parecer. Extrañamente fue debido al párrafo de *AA llega a la mayoría de edad*, que algunos de los fumadores habían propuesto leer a los no fumadores para demostrarles que deberían estar dispuestos a hacer algunos sacrificios para mantener unida a la reunión. Para ese entonces, también algunos no fumadores estaban dispuestos a tratar de continuar con el humo mientras pensaban en formas alternativas de mitigar el problema.

Luego una persona con bastante poco tiempo se puso de pie (era alguien que habíamos "sacado" de un centro de tratamiento y que aseguraba que le habíamos salvado la vida) y dijo: "Estoy asustado. Si esta reunión llegara a disolverse por causa de mis Pall Mall" —con un ademán teatral, arrojó el paquete sobre la mesa— "entonces digo que no valen la pena". Había hablado por todos nosotros. Todos estábamos asustados.

Alguien nos ofreció un aspirador de humo, pero yo dije que no podría regresar a menos que el salón estuviera libre de humo. Alguien más tenía problemas respiratorios.

Llegó el momento de votar. No pude reprimir las lágrimas. Si el voto se inclinaba hacia un lado ésta sería mi última reunión. Estaba anonadada. Esta reunión me gustaba pero mi enfermedad dictaba mis actos. La coordinadora dio la orden de votar: se alzaron muy pocas manos. Pero luego otras se alzaron y luego lo hicieron casi todas. El resultado fue 19-3 a favor de que no se fume (esa noche la relación de fumadores y no fumadores era de 18 contra 8, respectivamente). Fuimos unidos por el Poder Superior. Ya no estábamos enojados unos con otros. La brecha aparentemente irreparable fue reparada. La unidad de nuestro grupo era más importante para nosotros que nuestros placeres personales.

Incluso los que no les gustaba hacerlo dieron abrazos esa noche. A la hora del café, después de la reunión, nos quedamos más tiempo de lo acostumbrado, contentos de estar allí, compartiendo esa calidez. El sentimiento persiste y todas las diferencias parecen haber sido subsanadas. Hemos seguido adelante, a pesar de que varias personas recayeron. Pero los que nos hemos quedado somos conscientes de la fuerza que hemos ganado a raíz de esa controversia. Y otros sólo saben que somos un grupo sólido.

Esa noche aprendimos una gran lección. La recuperación personal depende en verdad de la unidad de AA, y las Tradiciones de AA son un instrumento vital que nos ayuda a conservar la buena salud de nuestras reuniones.

B. v. M., Portsmouth, Rhode Island

¿De qué lado estamos?

Marzo de 1986

La reunión cerrada de discusión a la que asistí este mediodía es un buen ejemplo de la confusión que reina en la Comunidad. Nuestro grupo se reúne cuatro veces por semana en el centro del distrito comercial de Denver; tres de las reuniones son cerradas, una es abierta. Tenemos de diez a cuarenta personas en nuestras reuniones, todas ellas reuniones de discusión. Tenemos un miembro regular que no ha bebido durante dieciocho años, una docena de ellos tiene más de cinco años de sobriedad y son muchos los que llevan menos de cinco años sin beber. Tenemos católicos, protestantes, judíos, negros, blancos, hispano-americanos, gays, heterosexuales, personas con doble adicción y "borrachos solamente", profesionales, personas de barrios marginales, etc. No es un grupo perfecto, pero está mejorando día a día. Más y más miembros hablan de los Pasos, del padrinazgo y de las Tradiciones; y son más y más los que prestan atención al motivo por el cual necesitamos "seguir viniendo".

En nuestro grupo hay una gran mezcla de enfoques sobre cómo seguir nuestro programa: todo desde "limítate a no beber y asiste a las reuniones" a "matones espirituales" que tratan de hacer que los demás lean a la fuerza el Libro Grande. Es el mejor grupo que hay los lunes, martes, miércoles y viernes a mediodía, en el centro de Denver.

Nuestro grupo, así como el resto de AA, está sufriendo por la controversia sobre las drogas y las píldoras. Hoy hablamos acerca de la Primera Tradición, y surgió ese tema. Hay tres puntos de vista dentro de nuestro grupo, como los hay, creo, en AA:

Ala derecha– "¡No quiero oír una °#%* sobre tu *#$! problema con la droga en una reunión de AA!" Estas personas han empezado a desaparecer, y asisten sólo por invitación a reuniones que no figuran en el directorio local.

Centro– "Puedes mencionar las drogas y píldoras en relación a tu alcoholismo, pero por favor concéntrate en nuestro problema común, la primera copa, y en nuestra solución común, un poder superior a nosotros mismos. AA tiene un enfoque diferente al de Al-Anon, NA, EA, PA, JA, etc."

Ala izquierda– "AA debe cambiar. El alcoholismo y la adicción a las drogas constituyen el mismo problema. En nuestras reuniones de AA se debería hablar libremente de drogas y píldoras tanto como se quiera." Muchos de los que comparten este punto de vista son graduados de nuestros centros de tratamiento locales.

Pienso que mi postura me ubica en el centro de esta polémica. Algunos piensan que "Dios se ocupará de AA y el problema se ocupará de sí mismo". Pienso que esto significa en realidad "la controversia me supera, y cuando el ala derecha de AA se extinga, la nueva generación de AA estará constituida en su mayoría por personas con doble adicción". Pero AA no se trata de una cuestión de números, ni ser todo para todos, o aumentar las suscripciones del Grapevine o las contribuciones para la OSG. Cada grupo tiene un solo propósito primordial: llevar el mensaje al alcohólico que todavía sufre.

Hay en verdad más personas con doble adicción en las reuniones de AA. Se debería darles la bienvenida. El tema central de una reunión de Alcohólicos Anónimos debería seguir siendo el alcohol. Hay actualmente tantas personas con doble adicción, que deberían poder iniciar muchas reuniones de NA o de PA cuyo tema central sea las drogas y las píldoras, de modo que el adicto no alcohólico tenga un lugar donde también a él lo ayuden a recuperarse. En Denver, esto no ocurrió hasta hace dos o tres años. Afortunadamente hay ahora más de cuarenta reuniones semanales de NA en el área de Denver.

Sin embargo, la reunión de hoy me entristeció. Algunos de los derechistas manifestaron tanta ira y veneno a las personas que hablaban de sus ¡$%# problemas con las drogas en el curso de las reuniones de AA que algunos de los recién llegados con doble adicción estaban muy afectados. Tendremos una reunión de la conciencia de grupo el próximo miércoles y temo, francamente, que los izquierdistas demuestren que "¡Nadie podrá expulsarnos!", "rellenando" la conciencia de grupo con personas con doble adición que por lo general no vienen.

Mientras tanto, los que nos ubicamos en el medio nos preguntamos qué ocurrirá con nuestro grupo y con AA en general.

Anónimo, Denver, Colorado

Ciudadanos
del mundo

Abril de 1998

La reunión del lunes a la noche comenzó como una "reunión informativa" para personas que recibieron citaciones por conducir en estado de ebriedad. Fue creada y planeada por nuestro comité de IP/CCP (Información Pública/Cooperación con la Comunidad Profesional). Ofrecía una reunión de AA a los que necesitaban formularios de asistencia firmados. En ese tiempo muchos grupos se negaban o eran renuentes a firmarlos.

Haciendo honor a la autonomía a la que se refiere la Tradición Cuatro, el formato de la reunión era un poco diferente del que prevalecía en las reuniones locales de AA. Comenzaba con un Enunciado de Propósito y una descripción de las reuniones de AA —cerradas o abiertas, con orador o de discusión— y la mayor parte de las lecturas provenían de la literatura destinada a los principiantes ("Esto es AA", "44 Preguntas"). Un orador con alguna experiencia de conducir en estado de ebriedad era invitado a compartir, y la reunión terminaba —en lugar de empezar— con la Oración de la Serenidad. Cumplió su finalidad durante tres años, hasta que algunos de los grupos se volvieron más tolerantes y aprobaron que los formularios requeridos fueran firmados.

Cuando el comité de IP/CCP dejó de apadrinar la reunión, varios miembros de AA decidieron mantenerla por considerarla un auténtico grupo de AA. Se cambió el formato para que se ajustara al de otros grupos locales. El grupo siguió reuniéndose en el mismo lugar, el salón de conferencias de un pequeño centro médico satélite donde todo, salvo el café y la literatura, estaba instalado en forma permanente. Resultaba fácil "mantenerlo sencillo" con la participación de casi todos los miembros activos del grupo.

El grupo continuó durante varios años con el mínimo de organización hasta que la administración del centro médico notificó al secretario del grupo que tenía ciertos planes de renovación. Nos informaron que ya no podríamos reunirnos allí durante un tiempo largo. ¿Cancelaríamos la reunión o buscaríamos a otro propietario que nos alquilara un local?

Una llamada telefónica a una iglesia situada a poca distancia del lugar de reunión produjo resultados inesperados. "Habíamos pensado en tener un grupo como el de ustedes", dijo el secretario de la iglesia. "Consultaré con nuestra junta y con el pastor y les contestaré". Dos días después, el grupo fue invitado (no sólo autorizado) a reunirse en la iglesia ese mismo lunes y todos los lunes siguientes. ¡Estábamos encantados!

Sólo entonces nos dimos cuenta de que ahora teníamos más responsabilidades: guardar la llave, colocar sillas y mesas, limpiar, descolgar carteles, cerrar con llave, etc. Se ensayaron tres o cuatro formas diferentes de distribuir las mesas. Necesitábamos un podio y más literatura y, sobre todo ¡más miembros! Empezó a constituirse una conciencia de grupo que tenía un carácter más definitivo, pues no queríamos poner en peligro las buenas relaciones que teníamos con nuestro nuevo casero. Al hacerlo, los miembros se beneficiaron tanto como el grupo. Como escribió Bill W. en alguna ocasión, "En AA nuestro objetivo no sólo es la sobriedad, sino intentar nuevamente ser ciudadanos del mundo que habíamos rechazado, y del mundo que alguna vez nos rechazó".

Junto con la autonomía otorgada a todo grupo de AA en la Tradición Cuatro, vienen aparejadas ciertas responsabilidades, una de las cuales me atrevo a decir es una buena relación con los propietarios de nuestros salones.

Lois C., Pittsburg, Pennsylvania

Valor para cambiar

Septiembre de 1988

Cuando nos mudamos a Columbia, Tennessee, en el invierno de 1984, había sólo dos reuniones semanales de AA. Ambas tenían lugar en una casita llamada el Club de la Amistad.

Esa casa había sido adquirida por un pequeño grupo de alcohólicos en recuperación y pagada por cada uno de ellos con lo que les hubiera costado una botella de whisky por semana. Todo esto se hizo con un espíritu de amor y servicio.

Pocos años después, tuve el placer de observar cómo este pequeño grupo, que comenzó con dos reuniones, alcanzó las catorce reuniones semanales que tiene actualmente. La cantidad de miembros pasó de unos diez a más de sesenta. Qué alegría era ver que tanta gente lograba la sobriedad.

Sin embargo había un grupo de personas que obviamente no estaban presentes en las reuniones: los negros.

Mi esposa amadrinaba a una mujer negra, Annie, que asistía regularmente a las reuniones. Pero otros que acudieron a nuestras reuniones parecían haber desaparecido tan sigilosa y súbitamente como habían llegado. Cuando hablé con Annie acerca del problema que teníamos en atraer a personas negras, compartió su experiencia personal conmigo. Explicó que ella se sintió incómoda cuando llegó por primera vez a nuestro grupo debido a su "singularidad". Pero como estaba decidida a mantenerse sobria, siguió viniendo.

Fue obvio para mí que el prejuicio y el alcohol mantenían cautivos a muchos hijos de Dios.

Como en muchas pequeñas comunidades rurales, la mayoría de los negros parecía vivir en un sector de la ciudad. Desde donde yo vivo, tengo que atravesar con mi auto el "cinturón negro" para llegar a la reunión, y cada vez que lo hago le digo a mi esposa que "alguien" debería formar una reunión en el barrio negro.

Fue un miércoles a la noche, en diciembre de 1986, cuando hice una llamada telefónica respondiendo a un mensaje dejado en el contestador de AA. Mi llamada fue a un hombre negro que sentía toda la desdicha y la sensación de abandono con que los alcohólicos están familiarizados. Logré compartir mi experiencia, fortaleza y esperanza con ese hombre. Aproximadamente, una hora después consintió en asistir a una reunión de AA la noche siguiente. Hice los arreglos necesarios para pasarlo a buscar en su casa a las 7.30 de la noche.

Llegué a la casa de Willie quince minutos antes por si se echaba atrás a último momento. Pensé que yo era muy astuto. Cuando vi que tocar la bocina no dio resultado, fui hasta la puerta de calle decidido a que este hombre asistiera a la reunión. De pie junto al portal, pude oír el llanto de una mujer dentro de la casa. Finalmente una mujer joven vino a la puerta. Me presenté y expliqué por qué estaba allí. No estaba preparado para la conmoción que me produjo saber de sus labios que Willie estaba muerto.

Me quedé en el portal y lloré como una criatura. No porque hubiera sufrido una pérdida, puesto que no lo había conocido a Willie, sino por la culpa y la vergüenza que se apoderaron de mí. El alcohol se había llevado otra vida, a tan sólo una cuadra de donde tantas veces había dicho que "alguien" necesitaba abrir una reunión para esa gente.

Seguí mi camino hasta llegar a la reunión. Cuando Annie y mi esposa llegaron, las puse al tanto de mi experiencia. Le pregunté a Annie si había algún edificio en el barrio negro donde podríamos empezar una reunión.

Eso es lo único que le bastó a Annie. La semilla había sido echada y Dios se hizo cargo. Ese domingo por la noche, la primera reunión del grupo Valor para Cambiar tuvo lugar en un barrio negro, en una iglesia bautista negra, coordinada por una alcohólica negra. Se presentaron veintitrés personas.

Como RSG de mi grupo base, pregunté a la conciencia de grupo durante nuestra reunión mensual de negocios si podríamos considerar la posibilidad de apadrinar a ese nuevo grupo. Hubo unanimidad e inmediatamente les proporcionamos literatura y apoyo.

Mi esposa y yo somos ahora miembros del grupo Valor para Cambiar y Annie fue elegida como RSG. Lamento que alguien hubiera tenido que morirse para que podamos estar aquí pero me consuela mucho saber que existimos en razón del amor y la preocupación que sentimos por el alcohólico que aún sufre. También estoy muy orgulloso de ser miembro de un grupo que no empezó con un resentimiento y una cafetera.

Charles M., Columbia, Tennessee

El inventario del grupo: ¿Cómo andamos?

Julio de 1952

Los Doce Pasos indican el camino hacia una sobriedad cada vez más fecunda. Están destinados sobre todo a ser puestos en práctica por individuos, cada uno a manera, pero también deberían influir en el pensamiento y la acción del grupo. ¿Acaso no deberíamos "poner en práctica estos principios en todos nuestros asuntos" (como grupo)?

Las Doce Tradiciones, a la vez que tienen cierta incidencia en el individuo, se aplican principalmente al grupo y a AA en su totalidad. Cinco de ellas se refieren específicamente al grupo. Son una carta constitutiva que enumera objetivos, poderes y restricciones. Su aplicación correcta es esencial para el éxito y el crecimiento de AA e indirectamente para el alcohólico que todavía sufre.

Al igual que un individuo, un grupo tiene facultades y limitaciones; una actitud general que puede ser o no ser sana; y un empuje que puede ser enérgico o vacilante. Un grupo puede volverse suficiente y perezoso o puede incrementar su vigor y su temple. Puede tener éxito, tener un desempeño mediocre o fracasar, como ha sucedido con algunos.

Para cumplir con su responsabilidad y alcanzar un éxito que guarde relación con la suma total del talento de cada uno de sus miembros, un grupo debería practicar los Pasos y aplicar las Tradiciones que son guías obvias de los esfuerzos de un grupo. Por ejemplo, así como el inventario periódico es fundamental para el crecimiento personal, también es vital el inventario del grupo para alcanzar su éxito máximo.

Periódicamente, un grupo debería preguntarse, tal vez en una reunión cerrada, "¿cómo andamos?" La pregunta puede formularse de varias maneras. He aquí algunas variantes. Cada grupo puede sin duda agregar sus propias preguntas a la lista.

1. (a) ¿Estamos experimentando un crecimiento normal para un grupo de nuestro tamaño y para la densidad de población de nuestra área?

(b) ¿Tenemos una muestra representativa de nuestra población femenina y masculina o sólo de la masculina? ¿Nuestros miembros pertenecen exclusivamente a la clase alta y se ha descuidado totalmente a los que viven en los barrios pobres? ¿O de lo contrario, no logramos tener una representación adecuada de personas de altos recursos?

(c) La Undécima Tradición declara que "nuestra política de relaciones públicas se basa más bien en la atracción que en la promoción…" ¿Interpretamos eso en el sentido de que estamos exentos de todo esfuerzo activo? Que, por consiguiente, carece de sentido la Quinta Tradición, que declara, sin hacer ninguna salvedad: "Cada grupo tiene un solo objetivo primordial: llevar el mensaje al alcohólico que aún está sufriendo". ¿Hemos reflexionado alguna vez sobre el significado de la palabra "llevar"? ¿Acaso sólo significa acomodarse en la silla y esperar que suene el teléfono? ¿Fue de esa manera como Bill y el Dr. Bob atrajeron a los primeros cien?

(d) ¿Tenemos el mejor lugar de reunión disponible, tomando en cuenta todos los factores pertinentes, o estamos en la misma situación que cuando el grupo empezó, es decir, en un lugar bastante inadecuado, que resulta poco atractivo para los candidatos? ¿Seguimos allí por necesidad, por elección deliberada o meramente por inercia, ya que nadie emprende la tarea de encontrar algo mejor?

(e) ¿Tenemos una adecuada provisión de literatura y la ponemos sobre la mesa cerca de la puerta donde miembros y visitantes pueden verla al llegar y al despedirse? ¿O la tenemos sobre una mesa en la parte delantera del salón aun cuando sabemos que sólo una minoría se acercará para hojearla?

En suma ¿qué hemos hecho para llevar el mensaje?

2. (a) ¿Qué tan eficaz es nuestro sistema de apadrinamiento? ¿Nuestros padrinos tienen un verdadero sentido de la responsabilidad y una perseverancia incesante? ¿Nos ocupamos de que cada miembro nuevo cuente con un padrino o alguien que se responsabilice de su asistencia a las reuniones durante ese período inicial en que fácilmente puede cambiar de parecer? ¿O acaso decimos: "Sabe donde estamos. Si lo quiere, puede venir a buscarlo"?

¿Alguna vez nos hemos puesto a analizar la razón del fracaso de nuestro apadrinamiento? ¿O acaso nos disculpamos siempre diciendo "todavía no está preparado"? ¿Cómo podemos estar tan seguros de que no estaba preparado? ¿Podemos tener la certidumbre de que algún otro padrino no podría haber tenido éxito? Si ése es el caso ¿quién es realmente responsable del fracaso? ¿Hicimos todo lo posible?

(b) ¿Sin que lo sepamos, puede un temeroso recién llegado aparecerse en una de nuestras reuniones abiertas y desaparecer así como vino, tal vez para no regresar? ¿Nos esmeramos en charlar con los miembros nuevos y con los extraños que asisten a nuestras reuniones o tendemos a estar entre nosotros formando un círculo impenetrable?

3. (a) ¿El apoyo que prestamos a nuestra oficina intergrupal y a la Fundación [hoy en día, la Oficina de Servicios Generales de AA] está en proporción con nuestros medios?

El Intergrupo y la Fundación [OSG] se ocupan del Paso Doce a nivel regional e internacional, respectivamente. ¿Pretendemos que realicen para nosotros esta vasta labor centrada en el Paso Doce sin prestarles nuestra cooperación y nuestro apoyo entusiastas?

(b) ¿Hemos hecho un esfuerzo sostenido para que todos se interesen en suscribirse al Grapevine? Nuestra revista internacional es un centro distribuidor de ideas. Pensamientos que surgen en Los Ángeles, Dallas o Londres, se canalizan hacia todos los grupos y finalmente hacia cada miembro de los mismos. Sería interesante comparar el éxito obtenido por varios grupos, con la circulación del Grapevine, no porque el éxito se deba al Grapevine, sino porque las suscripciones podrían ser una evidencia del vigor y la actividad cuya resultante es el éxito.

(c) ¿Contamos en el grupo con hombres y mujeres que por su educación y experiencia son capaces de escribir para el Grapevine artículos de alta calidad, y, siendo así, los alentamos a producir tales artículos de modo que el grupo haga su contribución creativa a AA como un todo? ¿O nos limitamos a "que lo haga Jorge"?

4. ¿Elegimos cuidadosamente a nuestros servidores? ¿O presentamos casualmente la moción en las reuniones y, si alguien nombra a Perico de los Palotes para el cargo, se cierran las nominaciones y Perico, sin importar su falta de condiciones, se convierte en cabeza de turco... o es eso lo que le ocurre al grupo y a los alcohólicos que aún sufren? ¿No debería un comité de nominación integrado por miembros responsables y experimentados seleccionar a los mejores candidatos y presentar la lista al grupo para su consideración?

¿Consideramos el trabajo de un servidor como una faena que debe ser descargada sobre las espaldas de algún desafortunado miembro que no está presente durante la elección, o como un honor, un desafío y una oportunidad única de practicar el Paso Doce en forma altamente calificada?

Aquí presentamos cuatro preguntas (con subdivisiones, tal vez) ¡pero acaso no debería hacérselas cada grupo de vez en cuando? Hay muchas otras que podría formular cualquier otro grupo que quiera hacer un inventario minucioso y osado. Sería interesante dedicar una reunión cerrada a una revisión de los Pasos y las Tradiciones para ver cómo podrían aplicarse al grupo.

Grupos en diferentes etapas de desarrollo harán, desde luego, preguntas diferentes. Como ocurre con algunos individuos, quizá en raros casos un grupo de larga duración tenga que empezar desde el principio... con el Primer Paso... reconocer que nuestra vida como grupo se ha vuelto ingobernable. ¿Entonces qué? Naturalmente, el Segundo Paso.

Anónimo, Scarsdale, New York

¿Hasta qué punto podemos ser autónomos?

Agosto de 1960

Una popular tira cómica de William Steig muestra a un hombrecito de aspecto hosco acurrucado en el interior de una caja. El epígrafe dice: "La gente no vale un comino".

Recordé esta tira cuando algunos delegados de la Décima Conferencia de Servicios Generales de AA realizada el pasado mes de abril mencionaron a ciertos grupos de sus respectivas áreas que se niegan a participar en los servicios mundiales de AA porque —según informaron— preferían ser autónomos. Por obvia que sea la respuesta para muchos, cabe preguntarse: "¿La autonomía de un grupo significa el aislamiento del mismo?" ¿O la autonomía de un grupo significa que la participación se limita a las actividades locales?

Todos están de acuerdo en que la autonomía de un grupo local es un principio fundamental de AA. Una de las actividades diarias más comunes del personal de la Oficina de Servicios Generales es recordar a los grupos que una pregunta particular formulada a través de la correspondencia sólo puede ser contestada por el grupo mismo. La OSG ofrece asesoramiento cuando se lo solicita; prepara literatura en la que la experiencia grupal sobre determinados problemas se pone a disposición de todos; los oradores de la OSG cuando son invitados a reuniones de área habitualmente presentan, no sus propias opiniones, sino las diversas experiencias de AA en todo el mundo tal como son transmitidas a la OSG.

Al cabo de veinticinco años la noción de gobierno autónomo está tan arraigada en las Tradiciones de AA que no necesita ser defendida en modo alguno. Al contrario, en este caso —como ocurre en todo el ámbito de AA y en todos los asuntos humanos— se aplica el "tómalo con calma". La autonomía, como todas las cosas buenas, puede ser llevada al exceso. Autonomía puede convertirse en aislamiento; el individuo que se respeta a sí mismo —que es independiente, autosuficiente, capaz de decidir por sí mismo lo que está bien— puede (si lleva su independencia al extremo) convertirse en el inflexible y agrio hombrecito de la caja que abriga la idea de que la "gente no vale un comino", una idea que, llevada a su lógica conclusión, lo incluye también a él.

En este aspecto el grupo se asemeja al individuo. Debe ser responsable del manejo de sus propios asuntos; elegir a sus servidores y representantes; recolectar sus propios fondos; proveer su propio lugar de reunión; realizar sus reuniones según su criterio; desarrollar su programa de apadrinamiento y de Paso Doce; establecer sus propias relaciones y actuaciones con otros grupos e individuos de la comunidad. Pero no debería tratar de operar en el vacío. Nadie "consiguió AA" en el aislamiento. Cada miembro del grupo está sobrio hoy porque otro individuo "le llevó el mensaje". Y en AA ningún individuo logra estar sobrio por sí solo sino como miembro de un grupo, ya sea un grupo local, su propio "grupo por correspondencia" o el grupo más grande, AA en su conjunto.

Ningún grupo nació por sí solo ni se desarrolló por sí solo. Ningún grupo es responsable del desarrollo de los principios bajo los cuales vivimos: los tres legados de Recuperación, Unidad y Servicio; ningún grupo puede ocuparse de las innumerables consultas que afluyen todos los meses, designar miembros de AA para que visiten a posibles candidatos, encargarse de la traducción del mensaje de AA a otras lenguas, mantener contacto con grupos que están en hospitales y prisiones, asesorar a la prensa, la radio y la TV sobre ideas y procedimientos de AA, mantenerse en contacto con Solitarios e Internacionalistas; ningún grupo es lo suficientemente sabio, lo suficientemente grande o lo suficientemente adinerado para llevar a cabo toda la obra que AA realiza en la actualidad.

Paul Tillich, reconocido como uno de los grandes filósofos y teólogos de nuestro tiempo, dice que cada individuo debería tener el "coraje de ser", coraje de ser él mismo y coraje de ser parte de algo. El hombre que no tiene el coraje de ser él mismo, de abogar por algo, de preservar su identidad y de negarse a ser un esclavo ya sea de la tradición o de la costumbre deja de ser un hombre y huye de las realidades de la vida a un grupo más vasto donde puede recibir apoyo; el hombre que no tiene el coraje de ser parte de algo más se aísla de la corriente de la vida y priva a la sociedad a la que pertenece de su interés, su apoyo y sus ideas.

Según Tillich, se necesitan ambos tipos de participación para lograr una vida plena. Esta idea puede aplicarse igualmente a los grupos en AA. Deben tener el valor de ser ellos mismos, de valerse por sí solos, de lidiar con los problemas de relación con otros grupos y con entidades externas sin temor y sin arrogancia. Muchos de los problemas planteados a la OSG desaparecerán a medida que los grupos locales lleguen a ser verdaderamente autónomos... tanto en la realidad como en la Tradición.

Pero así como los individuos en AA necesitan del apoyo mutuo, los grupos necesitan igualmente experimentar un sentimiento de hermandad con otros en la forma de vida de AA.

¿Exactamente cuál es el daño causado cuando un grupo decide dejar de participar en el movimiento general de AA, con el fin de funcionar solamente en su propia comunidad, para beneficio de sus miembros?

99

AA como un todo sale perdiendo porque se ve privado de conocer el pensamiento local y las soluciones locales a problemas locales. Todos los problemas de AA existen virtualmente a nivel local; hay muy pocas situaciones nacionales o estatales. La mayor parte de nuestras dificultades surge de cosas que pasan a nivel local. El grupo que se niega a compartir sus experiencias con otros dificulta en gran medida que el grupo de la ciudad vecina o del estado vecino —o situado en el otro extremo del mundo— pueda lidiar con situaciones similares cuando éstas se presentan.

Una pérdida secundaria, pero igualmente perjudicial, es la causada al propio grupo. Así como el pensamiento individual acerca de los Doce Pasos y las Doce Tradiciones puede llegar a desviarse si el individuo no confronta ocasionalmente su pensamiento con el de su hermano en AA, del mismo modo el pensamiento grupal puede alejarse del rumbo y tomar extrañas tangentes, produciendo a veces interpretaciones que la mayoría de los AA cuestionarían. Los contactos con otros grupos y con el movimiento en su conjunto pueden contribuir mucho a lograr la unidad general de la conciencia de grupo de AA como un todo.

Así pues, estamos unidos en una Comunidad cuya fuerza y desempeño dependen del vínculo afectivo que existe entre todos los grupos y todos los miembros individuales. Y así vemos que la autonomía, llevada al extremo, puede hacer que AA se convierta en una organización fragmentada, limitada a la fuerza de cada grupo local, incapaz de hablar con una voz unida a los millones de individuos que aún necesitan oír desesperadamente el mensaje que debemos comunicarles.

El grupo local que se pierde en el espacio exterior se castiga a sí mismo y a sus miembros por igual. Se vuelve endogámico. Al aislarse de otros miembros de AA tiende asimismo a aislarse de la sociedad y a menudo cesa de llevar el mensaje, contentándose con quedar reducido a una pequeña sociedad de admiración mutua para alcohólicos recuperados. Priva a sus miembros de la satisfacción de compartir los logros de AA en el país y en el exterior. ¿Se está prestando ayuda para que un nuevo grupo pueda establecerse en alguna parte? El grupo aislado no ha colaborado en ello. Si llega la estimulante noticia de que *Alcohólicos Anónimos* ha sido traducido a otra lengua, el grupo aislado no puede sentir ninguna responsabilidad compartida. Si un marinero, que se esfuerza denodadamente por mantenerse sobrio en la playa de Yokohama, encuentra ayuda a través de un grupo japonés de AA... o si un solitario encerrado en una cabina en un campamento minero se mantiene alejado de la botella gracias a una serie de cartas amistosas de la OSG... si los alcohólicos de una prisión estatal o de un hospital psiquiátrico son ayudados a prepararse para mantenerse sobrios en el mundo exterior por el apoyo alentador de la OSG a los grupos institucionales... si éstos e innumerables otros esfuerzos en la lucha mundial contra el alcoholismo logran su propósito lenta y dolorosamente... si todas esas cosas que regocijan a los miembros de AA llegan a suceder, el grupo aislado no puede regocijarse por ellas, si es que acaso piensa en ellas o incluso llega a enterarse de su existencia.

La fuerza que encierra la sobriedad de AA reside en una experiencia compartida. Los miembros y los grupos de AA han diferido en el pasado, difieren actualmente y habrán de diferir en el futuro. Los argumentos ayudan al desarrollo de nuestra sabiduría y de nuestra fuerza. Pero nos haremos pedazos si cada individuo o cada grupo se retira con cada desacuerdo en torno a una acción o un punto de vista, ya se trate de otro individuo, otro grupo, o de AA como un todo a través de su Conferencia de Servicios Generales.

Las Tradiciones subrayan este pensamiento de varias maneras: "... sólo existe una autoridad fundamental: un Dios amoroso tal como se exprese en la conciencia de nuestro grupo... cada grupo debe ser autónomo, excepto en asuntos que afecten a otros grupos de AA o a AA, considerado como un todo... cada grupo de AA debe mantenerse completamente a sí mismo..."

Así como uno de los horrores de nuestra carrera alcohólica fue la soledad, una de las grandes alegrías de nuestra recuperación ha sido el afecto y el apoyo que otros miembros de AA nos han dado. Como individuos libres y como miembros de grupos autónomos de AA, no debemos olvidar que nuestra recuperación y la persistencia de nuestra sobriedad dependen del apoyo que recibimos de otros. La gratitud nos obliga a todos a estar atentos a las necesidades de otros y a llegar por todos los medios disponibles hasta algunos de los millones de compañeros alcohólicos que aún están sufriendo en el infierno del cual hemos escapado.

J. P. L., Paterson, New Jersey

Con las mejores
intenciones

Marzo de 1993

El vínculo cooperativo entre AA y los hospitales y centros de tratamiento ha sido la salvación de miles de personas. Sin embargo ¿es posible que, con las mejores intenciones, nosotros como Comunidad hayamos ido demasiado lejos al aceptar la hospitalidad de las instituciones de tratamiento?

Había pasado cuatro meses sin beber y era miembro de uno de los grupos de AA que se reunía semanalmente los sábados a la noche en un centro de rehabilitación en el que, por casualidad, había estado internada durante treinta y cinco días, cuando por primera vez oí que alguien decía: "AA no debería celebrar reuniones de sus grupos base en centros de rehabilitación. El grupo está dando permanentemente un mensaje confuso, y finalmente ustedes perderán su autonomía". Sintiéndome herida, descarté a este individuo como uno de los tantos viejos resentidos de los que había oído hablar; un purista.

Luego, cuando pasó junto a mí hacia la salida, me miró a los ojos y me dijo:

"Si un grupo no acata los principios espirituales de AA, se extinguirá. Sin grupos, moriremos. Dudo que quede una sola Tradición que este grupo no haya violado." Por entonces, el grupo ya tenía cinco años. Tres años después su predicción se cumplió.

La Tradición Cinco nos dice que el propósito primordial de un grupo es "llevar el mensaje al alcohólico que aún está sufriendo". El propósito primordial de un grupo que se reúne en una institución de tratamiento no es diferente. ¿Pero qué es lo que realmente se pone en práctica?

Mi grupo base fue formado originalmente no porque una pareja de alcohólicos sobrios se reunió para llenar una necesidad, sino a pedido de un profesional en alcoholismo que, con las mejores intenciones, consideró que los pacientes internados en un centro de rehabilitación se beneficiarían si un grupo de AA tuviera su reunión en dicho centro. Esto era verdad. Pero esto generó la posibilidad de que algunos pacientes llegaran a suponer que AA y el "tratamiento" eran la misma cosa. O

102

incluso que las reuniones de AA de algún modo eran parte de las condiciones impuestas por el seguro médico.

"¡Como grupo podemos hacer lo que se nos antoje!" Me estremezco al recordar cuán a menudo esas palabras salían de mi boca durante mi primer año en AA. "Nosotros estamos cooperando" era otra frase que yo repetía sin entender.

Nuestra mesa con literatura abundaba en toda clase de libros sobre recuperación. Tal vez en el medio, uno a lo mejor encontraba la literatura aprobada por la Conferencia de AA.

Como ocurre con la mayoría de los grandes centros de rehabilitación, había una asociación de "graduados", se recaudaban cuotas anuales y se organizaban acontecimientos sociales tales como bailes, excursiones de pesca y partidos de softball. Éstos se anunciaban junto con los informes del secretario del intergrupo como si fueran parte de la reunión. A medida que el personal y las reglas cambiaban, también cambiaba el tono de la reunión.

Durante varios años, se gastaron más de mil dólares en la fiesta de aniversario del grupo. El dinero recolectado en la canasta de la Séptima Tradición provino de AAs de fuera, de pacientes en rehabilitación y de familiares. ¿Qué pasó con la condición de ser "enteramente autosuficientes"?

Hubo una voz que aportó un poco de luz en medio de aquella oscuridad. El grupo figuraba en la lista de la Oficina de Servicios Generales y contaba con un RSG (representante de servicios generales) que paciente y uniformemente sugirió que las cosas no andaban muy bien. Su voz era minoritaria, y fue constantemente ignorada, pero nunca se dio por vencido.

Tampoco mi madrina, que me guió hacia las labores de servicios generales muy en los comienzos de mi sobriedad. Al final, los pocos que quedamos organizamos una reunión de conciencia de grupo y coincidimos en que éste no era, en realidad, un grupo autónomo de AA. Ocho años después de haber comenzado, votamos su disolución. Varios cambios en el centro de rehabilitación también contribuyeron a nuestra decisión, pero el punto decisivo fue que este grupo, aunque tuviera las mejores intenciones, no se basaba en las Tradiciones de AA ni se orientaba de acuerdo con las mismas.

Llevar el mensaje a las instituciones de tratamiento funciona mejor cuando los miembros de AA llevan las reuniones a los centros, en lugar de formar grupos base en dichos lugares. La sugerencia de que los grupos no consideren que dichos centros son su hogar es un paso adelante, ya que subraya y fortalece la Tradición de cooperación sin afiliación sostenida por AA. Con el paso de los años, los comités de instituciones de tratamiento desarrollaron pautas, materiales de apoyo y un cúmulo de experiencia. Aprendamos nuevamente a tender un puente entre AA y las instituciones de tratamiento sin apartarnos de nuestras Tradiciones.

Annemarie M., Brockton, Massachusetts

La única ayuda que podemos ofrecer

Mayo de 1990

Bebí durante mucho tiempo y no podía parar de hacerlo. Lo intenté por todos los medios. Un día, mientras planeaba hacer un viaje, llamé por teléfono a AA. Le dije a la mujer que me atendió que yo era una alcohólica que se iba de viaje y que necesitaba que me buscara en su auto. Tenía miedo de ir en mi auto hasta la estación de ómnibus porque estaba demasiado ebria, y no podía llamar a mis padres porque estaban enfurecidos conmigo a causa de mi embriaguez. La mujer me contestó amablemente que AA no era un servicio de taxi y que volviera a llamar cuando decidiera dejar de beber.

Volví a llamar y dos mujeres maravillosas vinieron a mi casa. Dijeron e hicieron lo que correspondía y de ese modo asistí a mi primera reunión.

En las reuniones empecé a oír el mensaje de la recuperación. Pero me distraje cuando noté la cantidad de hombres solteros que había en cada reunión. "Ésta debe de ser la respuesta", pensé. "Encontraré a un hombre que se ocupe de mí". De modo que seguí por ese camino de "recuperación" durante un tiempo hasta que me convencí de que eso no funcionaba. Regresé nuevamente a AA, esta vez para oír el verdadero mensaje de recuperación. Y entonces lo escuché.

Todos aquellos que tenían algo que yo deseaba, sin excepción, hablaron del hecho de haber desarrollado una relación con un poder superior a ellos mismos como resultado de haber aplicado los Doce Pasos. El

Libro Grande cita la siguiente frase del Dr. Silkworth: "El mensaje que puede interesar y retener a estos alcohólicos deberá tener hondura y peso". Eso es lo que la recuperación a través de los Doce Pasos significó para mí.

Necesitaba un empleo. Comenté con algunas personas en las reuniones, que sería más fácil para mí estar sobria si tuviera un empleo (al igual que un marido y algunos amigos). Me dijeron que mi empleo consistía en permanecer sobria. Dios se ocuparía de las otras cosas cuando estuviera lista.

Encontré un grupo base porque alguien me dijo que debía hacerlo. Empecé a asistir a su reunión, que era una vez por semana. Pronto me di cuenta de que los miembros se veían otros días en las casas de cada uno de ellos y a veces salían juntos. Pensé que ésa era la vida social que siempre me había hecho falta. Qué sorpresa fue enterarme que esas reuniones hogareñas estaban dedicadas a los asuntos del grupo y al estudio de las Tradiciones. Sus excursiones eran visitas a pequeños grupos de AA en comunidades distantes donde compartían su experiencia, fortaleza y esperanza. Cuando salían a tomar café o a cenar después de las reuniones, el tema principal de la discusión era Alcohólicos Anónimos. Recuperación, unidad, servicio y los Doce Pasos parecían entrometerse en todo los que hacíamos. Al andar con esas personas, terminé por aprender muchas habilidades sociales, aunque el crecimiento social no fuera nunca nuestro propósito cuando nos juntábamos. Cuando mi grupo base me eligió para que lo representara en el comité central local, aprendí acerca de otro aspecto de nuestra Comunidad. Ese comité, además de ofrecer un servicio de mensajes telefónicos las veinticuatro horas, directorios de reuniones, información pública y un foro de discusión para problemas de los grupos, tenía un comité social con cuenta bancaria propia y una nutrida agenda de diversiones. Ante mi sorpresa, por sociales que fueran sus actividades, siempre incluían en su programa reuniones de AA y oradores, y aunque estuvieran decorando un salón, barriendo el piso o trinchando un pavo, siempre hablaban sobre recuperación a través de los Doce Pasos y de llevar el mensaje al alcohólico que sufría entre nosotros o al que no había podido encontrarnos todavía.

El hombre que me alentó a participar en los servicios generales trató de atraerme describiéndome las maravillosas asambleas a las que asistiría fuera de la ciudad y todos los nuevos amigos que haría. Tenía razón, pero una vez más descubrí que lo que nos mantenía unidos en tales asambleas era que todos nos concentrábamos en el servicio que prestábamos a Alcohólicos Anónimos y en cómo mejorar la comunicación del mensaje a los alcohólicos que aún siguen sufriendo.

Un día, mientras recibía llamadas para nuestro servicio local de mensajes telefónicos, recibí una llamada de una mujer que quería que alguien de AA viniera a ver a su vecina borracha que no había limpiado su casa durante mucho tiempo. "Tendrían ustedes que enviar a alguien para que limpiara la casa. ¿Acaso no tratan de ayudar a las personas ebrias?" Recordé mi primera llamada a AA solicitando un servicio de taxi. Ahora sé por experiencia que no estamos aquí meramente para "ayudar". El propósito primordial de un grupo de AA es llevar el mensaje de recuperación al alcohólico que todavía sufre. La única ayuda que podemos ofrecer es el programa de recuperación de AA. No ofrecemos servicio de taxi, limpieza del hogar, cursos de afirmación de la personalidad, asesoramiento matrimonial, empleos, dinero, pareja ni cualquiera de los muchos servicios y soluciones que cada uno de nosotros consideró que resolvería nuestros problemas.

Si Alcohólicos Anónimos me hubiera proporcionado vida social, empleo y marido, no hubiera tenido motivo para confiar en Dios. Si hubieran hecho cualquier otra cosa que no fuera el mensaje de recuperación, podría haberlo pasado por alto. Gracias a Dios eso es todo lo que hace AA.

Cada uno de nosotros, al haber tenido un despertar espiritual como resultado de los Doce Pasos, trata de llevar el mensaje al alcohólico que lo necesita. Así es como me mantengo sobria. Y si ustedes siguen volviendo, tampoco tendrán que volver a beber si no quieren.

B. M., *Eureka, California*

AA necesita algo
más que dinero

Julio de 1992

El jueves 23 de diciembre de 1982 llegué a mi primera reunión de AA con orador. Allí en el umbral, detrás de una mesita de madera donde había una canasta llena de dinero y un talonario, estaba sentado un viejo señor canoso. "Aquí debe de ser donde cobran la entrada", recuerdo que pensé. Toda mi experiencia de AA hasta entonces consistía en dos reuniones de discusión en las veinticuatro horas previas.

Después de arreglármelas para entrar sin haber pagado, encontré un asiento vacío y me senté sintiéndome a la vez satisfecho y culpable de mi supuesto engaño. Al comenzar la reunión mi culpa desapareció y la vergüenza ocupó su lugar cuando anunciaron cuáles eran los boletos ganadores de la rifa. El grupo pasó también una canasta para las contribuciones voluntarias para cubrir los gastos. Me di cuenta que la mesa de las entradas que yo había evitado cuidadosamente sólo vendía rifas para libros de AA; no cobraban entrada.

Luego me enteré, después de leer un ejemplar de *El Dr. Bob y los buenos veteranos* (ganado en otra rifa del grupo), que AA nunca ha cobrado entrada. Ese libro me enseñó mucho y me llevó a leer otras publicaciones de AA y a enterarme un poco más sobre la historia de nuestra Comunidad. Entre otras cosas, aprendí acerca de las raíces espirituales de nuestra Séptima Tradición y descubrí que nos manteníamos por nuestros propios medios por dos razones.

En primer lugar, somos autosuficientes porque cuando somos nuevos no entendemos el principio de dar generosamente, y la Séptima Tradición nos ayuda a fijar en la mente nuestro propósito primordial. Podemos decirles a los nuevos que no nos preocupa si contribuyen o no económicamente. La mayoría de los borrachos desconfía inmediatamente de alguien que trata de "ganarse unos pesos" a costa de ellos, y mediante la Séptima Tradición los nuevos aprenden que estamos aquí para mantenernos sobrios y ayudar a otros a lograrlo. Al dejar a un lado la motivación económica en nuestro trato con los nuevos AAs, podemos más fácilmente ganar su confianza.

En segundo lugar, aprendí que al rechazar las contribuciones externas demostramos nuestra respetabilidad ante un mundo exterior que ve con hastío ciertas causas que siempre parecen estar pidiendo dinero. Nuestra negativa a recibir contribuciones de fuera da crédito a nuestra Comunidad. Esta negativa también impide que los de afuera controlen nuestra Comunidad por el hecho de controlar nuestras finanzas.

Estas observaciones filosóficas acerca de la Séptima Tradición son simpáticas, y es fascinante saber cómo se desarrollaron nuestras

Tradiciones pero, como en todo lo que concierne al programa de AA, necesito preguntarme: "¿Cómo se ha integrado esta Tradición en mi vida personal?"

Hace unos años, cuando la Conferencia de Servicios Generales discutía acerca de la Séptima Tradición, me di cuenta de que mi dólar de la canasta ya no era suficiente. Nada de lo que podía comprar con un dólar cuando logré la sobriedad en 1982 puede ser comprado actualmente con un dólar ¿entonces por qué no aumenté mi contribución? A decir verdad, lo hice algunas veces. Mi grupo base recibe actualmente dos dólares, pero sigo siendo muy tacaño con otros grupos a los que asisto. Esto ocurre especialmente cuando asisto a ciertos grupos que "no gastan adecuadamente su dinero". Y si bien la Sexta Tradición se refiere a este problema, critico especialmente a aquellos grupos que contribuyen con dinero del grupo a entidades que no pertenecen a AA, tales como hogares de descanso.

Desde luego, ustedes ya saben quién está equivocado cuando me pongo en plan de juez a criticar a cualquier grupo que no sea mi grupo base. Necesito aprender a dar generosamente a todos los grupos a los cuales asisto. Incluso dos dólares por noche es menos de lo que solía gastar en cerveza. Y si realmente me molesta que un grupo haga un uso indebido de los fondos de AA puedo tratar de cambiar esa situación o asistir a otra reunión.

Al cabo de un año de sobriedad, me eligieron tesorero de mi grupo base. Poco después nos mudamos a otro lugar de reunión. El nuevo salón era más caro y cada semana que pasaba apenas si recaudábamos lo suficiente para pagar el alquiler, y algunas semanas gastábamos más de lo que recolectábamos. Expliqué la situación al grupo e imploré reiteradamente para que "la colecta fuera un poco más rendidora", pero esto cayó en oídos sordos. El grupo finalmente se mudó a un salón menos caro y el problema fue resuelto.

El incidente me enseñó algo muy importante acerca de la Tradición Siete. Aprendí que si bien muchas veces teníamos que aumentar nuestros ingresos, también había ocasiones en que teníamos que vigilar nuestros gastos. Debemos preguntarnos: "¿Qué gastos podemos reducir sin perder nuestra capacidad para llevar el mensaje?" En el caso de mi grupo base el mensaje era igualmente comunicado en el salón barato como en el salón caro.

Al prestar servicio en nuestra área como MCD (miembro del comité de distrito) y más adelante como tesorero del área, aprendí otra lección acerca de la Tradición Siete: a veces las contribuciones del grupo, o la retención de las mismas, son la expresión de la conciencia del grupo. He visto grupos y distritos que no estaban conformes con la manera en que se manejaban los asuntos de AA y que retenían o amenazaban con retener las contribuciones. No se me ocurren otras manifestaciones de la conciencia de grupo más directas o más poderosas que ésta. Ante la reducción de fondos, las entidades de servicio de AA prestan atención y toman nota.

¿Y qué ocurre con mi tiempo? ¿Acaso la donación de mi tiempo y mis servicios no es tan importante como mi donación de dinero en efectivo? ¿Qué ocurriría si mi grupo base tuviera dinero para café, el alquiler y literatura para reuniones en las cárceles pero no tuviera quien llevase dichas reuniones? ¿Y qué ocurre con la información pública, las instituciones de tratamiento, el servicio de contestar el teléfono y todas las demás variedades de la labor del Paso Doce? Todas ellas requieren algo más que dinero; requieren donaciones de tiempo y servicios. Debo estar tan dispuesto a dar mi tiempo como a dar mi dinero, porque parecería que cuanto más dificultosos son los servicios de AA mayores recompensas recibo.

Por último, todos estos años en que he trabajado en temas relacionados con las finanzas de AA me enseñaron algo sobre mis propios asuntos económicos. Examinándome descubrí que podía fácilmente regañar a mi grupo base, al distrito, al área, e incluso a la OSG cuando sus gastos superaban sus ingresos, pero me negaba a considerar tan severamente mis propias finanzas. Podía ser muy elocuente sobre la necesidad de AA de ser menos desmedidos y de vivir de acuerdo con sus medios ¿pero yo mismo vivía de acuerdo con mis medios?

No, en realidad, no lo hacía. Esta revelación me llevó a examinar más detenidamente mi propia situación económica y a tomar medidas para ponerla en orden. Como ocurre siempre, resulta más fácil ocuparse del inventario ajeno que del propio, pero cuando empecé a poner en práctica los mismos principios que yo predicaba a otros, mis finanzas se volvieron milagrosamente más manejables.

Me he dado cuenta de que muchos asocian la Séptima Tradición sólo con las canastas de las contribuciones. Pero al estudiar y al tratar de aplicar esta Tradición —no sólo en mi servicio de AA sino en mi

vida diaria— aprendí lecciones sobre lo que significa dar, que nunca
hubiera aprendido de otra manera. Y estoy seguro de que el aprendizaje
sólo acaba de empezar.

Kreg K., Manassas, Virginia

La belleza de
la Tradición Diez

Julio de 1991

L a sobriedad en AA es lo primero que realmente ha funcionado en
mi vida. Estoy agradecido a mis compañeros de AA que me enseñaron a no beber un día a la vez y a aquellos alcohólicos que nunca conocí que establecieron nuestros Pasos, nuestras Tradiciones y nuestros Conceptos para el Servicio Mundial. Cuando vivo conforme a estos
principios como mejor puedo, me mantengo sobrio y en contacto con
el Dios de mi entendimiento.

Estoy especialmente agradecido a la Tradición Diez, que sugiere que
los grupos de AA no deben mezclarse en el confuso asunto de discutir
temas externos. La ventaja adicional que tiene esta Tradición es que yo,
como individuo alcohólico en recuperación, soy libre de disfrutar de mi
sobriedad en AA sin tener que defender mi posición con respecto a ningún tema externo.

Ocurre que crecí en los años sesenta. Vivía con mis padres (el uno
alcohólico, la otra bebedora social) que estaban estrechamente vincu-
lados a una pequeña universidad privada de tendencia izquierdista ubi-
cada en el nordeste de Estados Unidos. En esa universidad era muy
importante que expresáramos nuestras opiniones en público. En el cam-
pus por donde yo vagaba a los trece años oí mucha retórica iracunda
sobre Vietnam, los derechos civiles y muchas otras cosas más. Mis
padres traían a la casa la misma ira política y me desafiaban a que me
informara y desarrollara posiciones sobre los mismos temas. Yo sólo
estaba en octavo grado, pero se esperaba que participara en discusiones
de adultos. Si no tenía una opinión sobre el tema de ese momento, me
consideraban un fracasado o alguien incapaz de pensar.

Reflexionando, veo que ésta fue una excelente formación para un futuro alcohólico. Me volví muy hábil en ocultar cosas que realmente me avergonzaban (especialmente la cantidad de alcohol que bebía), usando una cortina de humo de opiniones políticas vagamente dirigidas.

A medida que progresaba mi enfermedad, solía estar fundido, desempleado, con resaca y necesitado de un lugar donde pasar la noche. Por lo general mis padres me acogían y durante algunos meses vivía en mi casa, tratando de poner en regla mis asuntos. En el fondo sabía que estaba enfermo y loco a causa de la bebida. Pero en ese momento me resultaba aterrador lidiar con esta situación. Era más fácil hacer engranar a mis padres en un insignificante debate sobre algún tema global que escapaba a nuestro control, antes que atraer la atención sobre la verdadera razón por la cual estaba desempleado.

Actualmente estoy sobrio y agradecido por cómo eran las cosas, por lo que ocurrió luego y por cómo son las cosas ahora. Incluso estoy agradecido a mis padres, que me aguantaron en mi condición de alcohólico activo mientras ellos vivían sus propias enfermedades. Pero estoy especialmente agradecido a los alcohólicos que fundaron esta Comunidad y nos dieron las pautas que guían a nuestros grupos. La Tradición Diez libera a los AAs para que nos concentremos en lo que tenemos en común —recuperación, unidad, servicio— en vez de perder el tiempo discutiendo acerca de temas externos. Los debates airados sobre cosas que escapan a nuestro control sólo pueden servir para que nos dividamos.

Matt F., Brooklyn, New York

Hemos llegado a una decisión: ¡No nos confundan con los hechos!

Febrero de 1985

Detesto a aquellos oradores que empiezan su charla con una definición, porque pienso que debo de ser un idiota si tienen que definir una palabra para mí. Sin embargo el diccionario universitario de Random House define así la palabra "informar": "preparar o instruir; proporcionar conocimiento o instrucción". Lo contrario de informar es ocultar.

Probablemente se acerque a la verdad decir que la mayor parte de los problemas de AA provienen de la conciencia de grupo no informada. Por ejemplo: no apoyar al distrito, al área o a la OSG; no participar en los asuntos de distrito o de área; tener patrones en vez de servidores de grupo; no permitir que Dios se exprese en nuestra conciencia de grupo al no tener una reunión de conciencia de grupo.

Por penoso que sea, el lugar donde empezar a tener una conciencia de grupo informada es en mí mismo. Recuerdo cuando era nuevo y tenía la tendencia de juzgar duramente a los demás. Le dije a un veterano que el grupo estaba loco, y me dijo que me fuera al rincón y me incluyera. Ésa nunca fue tarea fácil para mí. Mi primer padrino me llevó a una reunión de conciencia de grupo en mi grupo base y más adelante a reuniones de distrito y de área donde volví a encontrar a la conciencia de grupo en plena tarea. Me hizo conocer la literatura de AA, especialmente *AA llega a su mayoría de edad*, así como las guías de AA y *El manual de servicio de AA*.

Así, a través de los años, lo que llevo conmigo a las reuniones de la conciencia de grupo es la suma total de todas mis experiencias en AA. Y sin embargo compruebo que mi grupo base vota para que se haga exactamente lo opuesto de lo que le persuadí que hiciera el mes pasado. Tenemos un pequeño letrero que cuelga de la pared de nuestro lugar de reunión que viene muy al caso. Dice así: "Lo que cuenta es lo que aprendes después de saberlo todo". Sospecho que el proceso de estar informado podría no tener fin.

Creo que una conciencia de grupo, si quiere estar bien informada, debe antes enterarse de muchas cosas. Primeramente, debemos conocer bien nuestras Doce Tradiciones. El futuro de toda nuestra Comunidad depende de ello. Todo lo que debemos hacer es remontarnos a la primera mitad del siglo pasado para averiguar qué ocurrió con los washingtonianos. No es exagerado afirmar que la Sociedad Washingtoniana sería hoy floreciente si hubiera contado con nuestras Tradiciones.

En segundo lugar, para que la conciencia de grupo esté bien informada, alguien del grupo debería conocer algo acerca del servicio y de nuestra estructura de servicio. Cuán a menudo hemos oído a algún miembro, no necesariamente a uno nuevo, descartar el servicio con el siguiente comentario: "Eso es pura política; hablemos de recuperación". Me pregunto cómo podríamos hablar de recuperación si previamente no hubiera habido servicio. ¿Si no hubiera habido servicio, de qué manera ese recién llegado hubiera oído hablar de AA? En AA me enseñaron a creer que el servicio es el acto de dar para poder recibir. No sé cómo separar servicio de recuperación. Como dijo un veterano: "Anteriormente éramos irresponsables; ahora tratamos de ser responsables".

No estoy seguro de que sea posible para un grupo aislarse totalmente de AA como un todo, no si ese grupo adquiere literatura de AA de la Oficina de Servicios Generales. Pero el grupo que se mantiene al margen puede enfermarse tanto como el miembro individual que dice: "Al diablo con el grupo". Un grupo que no llega a participar de los asuntos del distrito o del área está practicando un juego muy peligroso que consiste en creerse superior a los otros. Lo que está diciendo es "no necesitamos a esos tipos". Es como me ocurrió a mí cuando decía que el grupo estaba loco y que yo tenía razón. La consecuencia de esta clase de razonamiento es que el grupo deja de ejercer toda responsabilidad en cuanto a transmitir el mensaje de AA a las prisiones o a tomar medidas para que el mensaje de AA llegue al hogar del borracho que vive a sólo cinco cuadras del lugar de reunión. Creo firmemente que tales grupos niegan a sus propios miembros una auténtica recuperación espiritual. Porque la unidad, la necesidad de ser parte activa de una perspectiva más amplia, se opone directamente al enfermizo y solitario egocentrismo que fue mi vida de bebedor.

Quiero compartir con ustedes un ejemplo de lo que se puede lograr asegurándose de que la conciencia de grupo esté informada. Dos años atrás, en Nuevo México, sólo un poco más de la mitad de nuestros grupos contribuyeron a la OSG. A fines de 1982, hablé sobre el particular con mi padrino, un ex delegado, y escribí una carta a cada uno de los grupos que no habían contribuido. La intención de la carta era aclarar una falta de entendimiento sobre la razón por la cual debemos contribuir a la OSG. El precio de la literatura, explicaba, es fijado para cubrir los gastos de los servicios que exigimos a la OSG; los gastos que no fueron cubiertos por las contribuciones del grupo. De modo que, aun cuando un grupo contribuye a la OSG, debe pagar precios más altos por la literatura porque ciertos grupos no contribuyen.

Los resultados de esta carta fueron sorprendentes. Hacia fines de

1982, 72,9% de nuestros grupos en Nuevo México contribuyeron a la OSG, lo que resultó ser el quinto porcentaje más alto entre las setenta y seis áreas de los Estados Unidos. Todo parecería reducirse a ser capaz de explicar el porqué.

Me pregunto, entonces, cuán a menudo nos animamos a compartir nuestras experiencias con los nuevos en lo referente al Poder Superior, Dios como nosotros lo entendemos, según se expresa en nuestra conciencia de grupo. En el grupo al que pertenezco, el más ciego de nosotros puede remontarse a años pasados y advertir la mano de un Poder Superior en las decisiones de nuestra conciencia de grupo. Cuán a menudo en nuestras elecciones de AA ha surgido un nombre sacado del sombrero cuando no alcanzábamos los dos tercios necesarios para obtener la mayoría en la votación, y más tarde resultó evidente que no quedaba otra opción. Para mí éste es un ejemplo perfecto del hecho de cumplir nuestra parte y dejar a Dios que haga el resto.

También aprendí que puedo ser nocivo para el grupo. Puedo satisfacer mis propias necesidades egoístas o puedo dedicarme al grupo con la voluntad de servirlo. Pero un grupo también puede ser nocivo para mí. Un padrino me dijo: "Si tu grupo te permite actuar como alguien importante, ése no es el grupo que te conviene". Tenía mucha razón.

En suma, si de veras queremos tener una conciencia de grupo informada, como individuos debemos asegurarnos de que estamos bien enterados de cuál es la forma de vida de AA. Leeremos nuestra literatura y estaremos dispuestos a compartirla con los nuevos. Entenderemos y participaremos en nuestra estructura de servicio. Nos aseguraremos de tener auténticas reuniones de conciencia de grupo. Participar en la conciencia de grupo siempre significó para mí confiar en la Oración de la Serenidad. Los elementos de serenidad, valor y sabiduría han sido fundamentales. Sin embargo, me reconforta saber que el Poder Superior, que yo llamo Dios, se expresa en nuestra conciencia de grupo.

Quiero que AA sobreviva para mí, para mi hijo, y para los futuros miembros que no nacieron aún. Y ello requiere que yo me vuelva responsable. Dios se ocupará realmente de nosotros, pero sólo si cumplimos con nuestra parte.

D. L., Alamogordo, New Mexico

Inténtalo poniéndote de pie

Julio de 2000

Tengo una actitud muy protectora para con mi grupo base por la misma razón que la mayoría de los alcohólicos: si el grupo no sobrevive, tampoco lo haré yo. Hace unos meses en una reunión de negocios, mi grupo base tuvo una acalorada discusión sobre si se si debía o no rezar el Padre Nuestro al final de nuestras reuniones. El rezarlo parece contradecir por cierto la afirmación de AA de no tener afiliación con ninguna secta o religión. Aún más, cuando era un tímido recién llegado, recuerdo haberme sentido muy incómodo por el hecho de estar sentado en el subsuelo de una iglesia diciendo una plegaria que ocupa un lugar prominente en la liturgia cristiana.

Pero mi padrino me dijo: "Supéralo". Y tengo que reconocer que nunca me ofendió el hecho de decir una plegaria, especialmente aquella que fue concebida por un maestro lleno de amor, una oración que nos enseña a alabar el nombre de Dios, a desear que se cumpla la voluntad de Dios y a recordar que seré perdonado en la medida en que perdone a los otros.

El Padre Nuestro tiene ciertamente un aire paternalista. (¿Significa, entonces, que deberíamos en cambio rezar el Ave María?) La Oración de la Serenidad tiene un aire menos sectario, pero también surge de la religión. De modo que, en tal caso, en vez de cerrar la puerta a nuestro pasado, quizá debamos reconocer la deuda de AA para con el Movimiento Oxford, con el reverendo Shoemaker, con el padre Dowling y con la hermana Ignacia, para nombrar sólo a algunos pocos.

¿He conseguido ofenderte? ¿Que te hagas mala sangre? Porque eso es lo que sucedió en nuestra reunión de negocios. Todos nos pusimos agitados y desagradables. Y luego, tuvimos una sensación de resaca y de un persistente resentimiento. Ahora, cuando formamos un círculo y unimos nuestras manos al final de una de nuestras reuniones habituales, todos sentimos la tensión. Un momento que solía representar nuestra unidad ahora recalca nuestras diferencias.

La idea de que los temas y resentimientos originados en una reunión de negocios se extiendan a la "verdadera" reunión es algo que me inquieta. Supongo que sin reuniones de negocios, los resentimientos

115

podrían estar latentes, pero creo que echamos leña al fuego. Tuve la sensación de que las cosas se desarrollaban con demasiada calma para nosotros, alcohólicos aficionados al drama, de modo que nos aferramos a un tema controvertido, cosa de agregar un poquito de emoción a los acontecimientos.

En la medida en que "echábamos leña al fuego" seguíamos una larga tradición de AA. Pero no las Tradiciones de Alcohólicos Anónimos. Una Tradición nos insta a "practicar una genuina humildad" y a acallar "el clamor de los deseos y ambiciones cuando éstos perjudican al grupo". En mi opinión, ese clamor es la necesidad de comentar sobre cada cosa, de abrir mi bocota para que sepan qué listo que soy. Es el impulso de caer a la reunión y confundir todo como si una reunión de negocios fuera como una riña en un bar. Necesito poner en práctica cierta moderación, emular el ejemplo del viejo estadista de la Tradición Dos que "está dispuesto a sentarse tranquilamente sin tomar parte, viendo cómo se desarrollan los acontecimientos".

Mi amigo G. presentó una sugerencia interesante: ¿por qué no hacemos nuestras reuniones de negocios quedándonos de pie? Sé que yo pontificaría menos si me quedara más tiempo de pie. Cuántas veces me habré dicho: "Si tengo que sentarme durante toda esta reunión, al menos debería exponer mi punto de vista, aun cuando ya haya sido expresado por varios otros". Quizá nuestros pies sean mejores jueces que nuestras mentes de cuándo hemos dicho lo suficiente.

Y si las reuniones de negocios fueran más breves y pertinentes, quizá más personas participarían en ellas. Como nuestra conciencia de grupo es la forma en que Dios se expresa ante nosotros, cuanta más conciencia haya, más Dios habrá ¿no es así? Permitan que el propósito primordial de una reunión de negocios sea asegurarse de que se pagó el alquiler, y que haya suficiente literatura y apadrinamiento para ayudar al recién llegado. No hay que complicar las cosas. La Tradición Nueve dice lo siguiente: "Alcohólicos Anónimos necesita la mínima organización posible". Ahórrense la controversia para cuando manden una carta al Grapevine. Nuestra "reunión impresa" ha demostrado durante más de cincuenta años de que puede manejar las controversias. Hasta puede prosperar con ellas.

Desde luego, debería tener un poco más de fe en la capacidad de mi grupo de soportar reuniones de negocios contenciosas. Lo que no nos mata nos fortalecerá. En lo que a mí respecta se puede decir que hubo mucho ruido y pocas nueces. Debería haber escrito esto poniéndome de pie.

J. W., Maplewood, New Jersey

Disfrutando
el anonimato

Enero de 1992

Nunca había asistido anteriormente a una reunión de AA, pero el consejero había dicho que empezaría a las 8. Eran las 7:55. Otras personas comenzaron a entrar y a subir las escaleras.

Y bien, pensé, si no me gustaba podía ponerme de pie y marcharme; no me pueden obligar a permanecer allí. De todos modos, nadie dice que tengo que ir. De acuerdo. Subiré las escaleras.

Es un salón grande con mesas en el centro, algunas butacas junto a las ventanas, una máquina de hacer café en el fondo. El lugar olía a humo. No queriendo que se notase mi presencia, me senté en el rincón.

La persona que aparentemente estaba a cargo se sentó en la cabecera de la mesa. Detrás de él colgaban los retratos de dos hombres. Empezaron de manera ordenada y formal, guardando un minuto de silencio, seguido de una plegaria y la lectura de varios enunciados extensos llamados Pasos y Tradiciones.

Lo que se dijo me resultaba familiar, relatos y problemas que me ocurrieron a mí o a personas que conocía. Me sentía bien por el hecho de estar con personas que entendían las circunstancias que yo experimentaba. Eran abiertos y francos en cuanto a sus problemas y conflictos. Hacia el final, el que estaba sentado en la cabecera leyó una declaración sobre la cuestión del anonimato: "Al que vean aquí y lo que oigan aquí, cuando se vayan, dejen que quede aquí".

Pasó un tiempo antes de que entendiera el sentido de esa oración. Por un lado decía "ocúpate de lo tuyo", lo que una persona comparte con el grupo no debe ser comentado fuera de la reunión. Si alguien tiene problemas con su jefe y yo sé quién es el jefe, lo que se dijo tiene carácter confidencial. Con el tiempo me di cuenta de que las personas se quitan el peso de la culpa, de la ira, del resentimiento, de la autocompasión y demás cargas emocionales, desembuchando y hablando claramente de las cosas que los angustian. Ésa es una de las claves del éxito de este programa. Los que se preocupaban de la impresión que su relato causaba en los demás o que querían parecer mejores de lo que sentían no avanzaban mucho en su recuperación. Se estaban convirtiendo en actores que decían lo que otros querían oír.

Al principio, pensaba que todos estaban avergonzados de estar aquí, porque así era como yo me sentía. Pronto reconocí a un antiguo vecino mío al que no había visto durante años. Yo no sabía si debía esconderme de él o adelantarme a saludarlo. Luego me enteré que llevaba varios años en el programa y se convirtió en mi primer padrino. No era evidente para mí que reconocer mi alcoholismo y aceptarlo como un hecho de mi vida eran dos cosas diferentes. Después de la aceptación, la vergüenza se desvaneció con el nuevo interés que pronto experimenté en mi recuperación, sabiendo que finalmente había tomado el camino correcto. Con la aceptación de la enfermedad del alcoholismo desarrollé un vigoroso empeño por estudiar todos los aspectos del programa de recuperación. Empecé a asistir a las reuniones dedicadas al estudio de los Pasos y los puse en práctica.

Mi recuperación se desarrolló de acuerdo a pautas familiares. Las personas que eran sinceras en cuanto a mantenerse sobrias iban regularmente a las reuniones, colocaban las mesas y las sillas, exhibían los libros y demás material impreso. Daban la bienvenida a los nuevos y les hacían sentir que eran bienvenidos. Participaban cuando se los llamaba al frente y escuchaba atentamente lo que otros contaban acerca de sus experiencias. Daban el ejemplo al ayudar y dar una mano cuando se los necesitaba.

Los apellidos y los títulos laborales no tenían nada que ver con la recuperación. Lo que importaba era lo que era compartido en la mesa y el comportamiento en esa pequeña sala. Los que hacen más alarde sólo están tratando de llamar la atención sobre ellos mismos. Los que tienen serenidad no necesitan atraer la atención sobre ellos mismos porque están contentos de ser como son. La humildad es un logro personal, no se puede regalar. Llega como vislumbres y se desarrolla como un cristal de hielo. También es frágil y requiere, pues, cuidado y protección.

Mantener el anonimato asegura que el centro de nuestros esfuerzos resida en el programa y no en las personalidades.

Fred E., Seattle, Washington

LOS DOCE PASOS

1. Admitimos que éramos impotentes ante el alcohol: que nuestras vidas se habían vuelto ingobernables.

2. Llegamos a creer que un Poder Superior a nosotros mismos podría devolvernos el sano juicio.

3. Decidimos poner nuestras voluntades y nuestras vidas al cuidado de Dios, como nosotros lo concebimos.

4. Sin miedo hicimos un minucioso inventario moral de nosotros mismos.

5. Admitimos ante Dios, ante nosotros mismos y ante otro ser humano, la naturaleza exacta de nuestros defectos.

6. Estuvimos enteramente dispuestos a dejar que Dios nos liberase de nuestros defectos.

7. Humildemente le pedimos que nos liberase de nuestros defectos.

8. Hicimos una lista de todas aquellas personas a quienes habíamos ofendido y estuvimos dispuestos a reparar el daño que les causamos.

9. Reparamos directamente a cuantos nos fue posible el daño causado, excepto cuando el hacerlo implicaba perjuicio para ellos o para otros.

10. Continuamos haciendo nuestro inventario personal y cuando nos equivocábamos lo admitíamos inmediatamente.

11. Buscamos a través de la oración y la meditación mejorar nuestro contacto consciente con Dios, como nosotros lo concebimos, pidiéndole solamente que nos dejase conocer su voluntad para con nosotros y nos diese la fortaleza para cumplirla.

12. Habiendo obtenido un despertar espiritual como resultado de estos pasos, tratamos de llevar este mensaje a los alcohólicos y de practicar estos principios en todos nuestros asuntos.

LAS DOCE TRADICIONES

1. Nuestro bienestar común debe tener la preferencia; la recuperación personal depende de la unidad de AA.

2. Para el propósito de nuestro grupo sólo existe una autoridad fundamental: un Dios amoroso tal como se exprese en la conciencia de nuestro grupo. Nuestros líderes no son más que servidores de confianza; no gobiernan.

3. El único requisito para ser miembro de AA es querer dejar de beber.

4. Cada grupo debe ser autónomo, excepto en asuntos que afecten a otros grupos de AA o a AA, considerado como un todo.

5. Cada grupo tiene un solo objetivo primordial: llevar el mensaje al alcohólico que aún está sufriendo.

6. Un grupo de AA nunca debe respaldar, financiar o prestar el nombre de AA a ninguna entidad allegada o empresa ajena, para evitar que los problemas de dinero, propiedad y prestigio nos desvíen de nuestro objetivo primordial.

7. Cada grupo de AA debe mantenerse completamente a sí mismo, negándose a recibir contribuciones de afuera.

8. AA nunca tendrá carácter profesional, pero nuestros centros de servicio pueden emplear trabajadores especiales.

9. AA como tal nunca debe ser organizada; pero podemos crear juntas o comités de servicio que sean directamente responsables ante aquellos a quienes sirven.

10. AA no tiene opinión acerca de asuntos ajenos a sus actividades; por consiguiente su nombre nunca debe mezclarse en polémicas públicas.

11. Nuestra política de relaciones públicas se basa más bien en la atracción que en la promoción; necesitamos mantener siempre nuestro anonimato personal ante la prensa, la radio y el cine.

12. El anonimato es la base espiritual de nuestras tradiciones, recordándonos siempre anteponer los principios a las personalidades.

Alcohólicos Anónimos

El programa de recuperación de AA se basa por completo en este texto básico, *Alcohólicos Anónimos* (también conocido comúnmente como el Libro Grande), ahora en su cuarta edición, así como en libros de *Doce Pasos y Doce Tradiciones* y *Viviendo sobrio* entre otros. También es posible encontrar información sobre AA en la página web de AA en WWW.AA.ORG, o escribiendo a la siguiente dirección: Alcoholics Anonymous, Box 459, Grand Central Station, New York, NY 10163, USA. Si desea encontrar recursos en su localidad, consulte la guía telefónica local bajo "Alcohólicos Anónimos". También puede obtener a través de AA los cuatro panfletos siguientes "Esto es AA", "¿Es AA para Usted?", "44 preguntas" y "Un principiante pregunta".

AA Grapevine

AA Grapevine es la revista mensual internacional de AA que se ha publicado continuamente desde su primer número en junio de 1944. El panfleto de AA sobre AA Grapevine describe su alcance y su finalidad de la siguiente manera: "Como parte integrante de Alcohólicos Anónimos desde 1944, el Grapevine publica artículos que reflejan la amplia diversidad de la experiencia e ideas que hay dentro de la Comunidad de A.A., y así también lo hace La Viña, la revista bimensual en español, publicada por primera vez en 1996. En sus páginas, no hay punto de vista o filosofía dominante, y al seleccionar el contenido, la redacción se basa en los principios de las Doce Tradiciones".

Además de revistas, AA Grapevine, Inc. también produce libros, libros electrónicos, audiolibros y otros artículos. También ofrece una suscripción a Grapevine Online que incluye: entre ocho y diez historias nuevas cada mes, AudioGrapevine (la versión en audio de la revista), el archivo de historias de Grapevine (la colección completa de artículos de Grapevine), así como el actual número de Grapevine y La Viña en formato HTML. Si desea obtener más información sobre AA Grapevine, o suscribirse a alguna de las opciones mencionadas, visite la página web de la revista en www.AAGRAPEVINE.ORG o escriba a:

AA Grapevine, Inc.
475 Riverside Drive
New York, NY 10115
USA